中国大学MOOC教材　　　　　　　　高等职

财经基本技能

（第二版）

CAIJING JIBEN JINENG

新准则　新税率

主　编　魏亚芳

副主编　沈净瑄　穆晓丹　孙　洁

参　编　张　钰　肖森森　章　慧

　　　　贾　斌　杨云晖

新形态
教材

本书另配：教学课件
　　　　　参考答案

中国教育出版传媒集团

高等教育出版社·北京

内容提要

"财经基本技能"不仅是会计、金融、商贸等专业的核心课程，也是会计、出纳、银行柜员、超市收银员等相关岗位人员应具备的基本操作技能。本书共七个模块，分别为：人民币真假鉴别、会计书写、点钞技术、小键盘数字录入技能、翻打传票技能、全国职业院校技能大赛、会计基本技能达标考核实施方案。本书以任务的形式组织课程内容，使学生在实践中熟练掌握各项基本知识和业务技能，实现了"教、学、做"一体化。本书作为财经商贸类学校特色课程教材，在学生动手能力培养、职业素养养成、职业技能竞赛等方面具有指导意义。

本书难易程度适中，既贴近实务又适合教学，不仅可作为职业院校财经商贸大类专业学生用书，也可作为社会相关人员专业技能工具书。

图书在版编目(CIP)数据

财经基本技能 / 魏亚芳主编. — 2 版. — 北京：
高等教育出版社，2023.8
ISBN 978 - 7 - 04 - 059835 - 3

Ⅰ.①财… Ⅱ.①魏… Ⅲ.①会计–高等职业教育–
教材 Ⅳ.①F23

中国国家版本馆 CIP 数据核字(2023)第 082076 号

策划编辑 毕颖娟 宋 浩 **责任编辑** 宋 浩 **封面设计** 张文豪 **责任印制** 高忠富

出版发行	高等教育出版社	**网　址**	http://www.hep.edu.cn
社　址	北京市西城区德外大街 4 号		http://www.hep.com.cn
邮政编码	100120	**网上订购**	http://www.hepmall.com.cn
印　刷	浙江天地海印刷有限公司		http://www.hepmall.com
开　本	787mm×1092mm　1/16		http://www.hepmall.cn
印　张	11.5	**版　次**	2023 年 8 月第 2 版
字　数	266 千字		2018 年 2 月第 1 版
购书热线	010-58581118	**印　次**	2023 年 8 月第 1 次印刷
咨询电话	400-810-0598	**定　价**	26.00 元

第二版前言

《财经基本技能》作为一本技能实训教材,紧随经济发展,具有一定的实用性、针对性和可操作性。书中所涉及的人民币真假辨别、点钞技术、小键盘数字录入技能及翻打传票技能等内容是金融、商贸和企业财会人员应该掌握的基本技能。本书采用"任务驱动＋实训练习"的教学模式,共七个模块,每个模块的内容完全按照实际教学需要设计,生动而详细地介绍了财经基本技能的基本知识和操作方法,有利于学生加强专业基本技能训练,尽快适应岗位需要。

本书具有如下特色:

1. 课程思政,立德树人

每个模块设有"素养目标",力图将专业知识点与课程思政点有机融合,用习近平新时代中国特色社会主义思想和二十大精神铸魂育人,促使学生树立正确的世界观、人生观和价值观。

2. 与时俱进,内容最新

本书系统全面地介绍了当今财经工作中各项技能的最新应用,不仅利于教学,而且对进一步深入学习也具有一定的参考价值。

3. 体例新颖,形式活泼

本书主要模块都设有【知识目标】【能力目标】【素养目标】【小贴士】【小知识】【实训内容】【实训要求】等栏目,重点突出,体例新颖,形式活泼,有利于提升学生的学习兴趣,更好地学习相关知识。

4. 资源丰富,利教便学

为了利教便学,部分学习资源以二维码形式提供在相关内容旁,可扫描获取。此外,本书配套课程已在中国大学 MOOC 上线,可与本书结合使用;本书另配有教学课件、参考答案等教学资源,可供教师教学使用。

本书由郑州财税金融职业学院魏亚芳担任主编,郑州财税金融职业学院沈净瑄、穆晓丹、孙洁担任副主编。具体编写分工如下:魏亚芳编写模块一的项目二、项目三;沈净瑄编写模块二的项目四、模块三、模块四;穆晓丹编写模块二的项目五;郑州财税金融职业学院肖森森编写模块一的项目一、模块五、模块六和模块七;郑州财税金融职业学院贾斌编写附录一和附录二,孙洁负责二维码资源的建设。同时,参与本书编写的还有郑州财税金融职业学院的章慧、张钰和郑州市财贸学校的杨云晖。本书由魏亚芳进行总纂定稿。

本书系 2022 年度河南省职业教育教学改革研究与实践项目"智能财务教学资源库的建设与创新研究"项目成果之一(项目编号:豫教〔2023〕03210);郑州市教育局郑州地方高校教学改革与实践项目"大思政背景下高等职业学校'金课'建设的理论与实践研究"项目成果之一(项目编号:ZZJG - B1062)。

在本书编写过程中,我们参考了国内一些专家、学者的研究成果,在此一并表示感谢。

由于编者水平有限,书中不妥之处在所难免,敬请读者批评指正。

中国大学
MOOC 配套
课程简介

编 者

2023 年 8 月

目 录

模块一 人民币真假鉴别 ……………………………………………………… 1

项目一 反假币常识 …………………………………………………………… 2
　任务一 认识钞票防伪技术 …………………………………………………… 2
　任务二 了解假钞的类型及伪造手段 ………………………………………… 3
项目二 中国现行货币介绍 …………………………………………………… 4
　任务一 了解人民币的历史沿革 ……………………………………………… 4
　任务二 掌握 1999 年版第五套人民币的防伪特征 ………………………… 8
　任务三 掌握 2005 年版第五套人民币的防伪特征 ………………………… 13
　任务四 掌握 2015 年版第五套人民币的防伪特征 ………………………… 18
　任务五 掌握 2019 年版第五套人民币的防伪特征 ………………………… 22
　任务六 掌握 2020 年版第五套人民币的防伪特征 ………………………… 32
　　实训 1 2005 年版第五套人民币 100 元、50 元面额纸币防伪特征训练 ……… 36
　　实训 2 2015 年版第五套人民币 100 元面额纸币防伪特征训练 …………… 38
　　实训 3 2019 年版第五套人民币 50 元、20 元、10 元、1 元面额纸币防伪特征
　　　　　训练 …………………………………………………………………… 41
　　实训 4 2020 年版第五套人民币 5 元面额纸币防伪特征训练 ……………… 43
项目三 真假人民币的鉴别方法 ……………………………………………… 44
　任务一 鉴别伪钞 ……………………………………………………………… 45
　任务二 处理发现的假币或疑似假币、残破和污损人民币 ………………… 49
　　实训 5 2005 年版第五套人民币小面额币种防伪特征训练 ………………… 51

模块二 会计书写 …………………………………………………………… 55

项目四 阿拉伯数字的书写 …………………………………………………… 57
　任务一 了解阿拉伯数字的书写规定 ………………………………………… 58

任务二　掌握阿拉伯数字的读写规范 ··· 60
　　实训 1　阿拉伯数字的读写训练 ··· 62

项目五　汉字大写数字的书写 ··· 69
任务一　了解汉字大写数字的基本要求 ··· 70
　　实训 2　汉字大写数字的书写训练 ··· 73
任务二　掌握错数的订正方法 ··· 79
　　实训 3　订正训练 ··· 81
　　实训 4　会计书写综合测试（20 分钟） ··· 83

模块三　点钞技术 ··· 87

项目六　手工点钞的基本要领和基本环节 ··· 88
任务一　掌握手工点钞的基本要领 ··· 88
任务二　掌握手工点钞的基本环节 ··· 90
　　实训 1　点钞坐姿和用品摆放训练 ··· 91

项目七　手工点钞技术 ··· 91
任务一　掌握手持式单指单张点钞法 ··· 92
任务二　掌握手持式四指拨动点钞法 ··· 93
任务三　掌握手持式食指削式点钞法 ··· 94
任务四　掌握手按式点钞法 ··· 95
任务五　掌握扇面式点钞法 ··· 96
任务六　掌握钞券捆扎 ··· 99
　　实训 2　手工点钞技术的连贯性训练 ··· 102

项目八　机器点钞技术 ··· 103
任务一　掌握机器点钞的操作程序 ··· 103
任务二　了解机器点钞的注意事项 ··· 105
　　实训 3　机器点钞技术的连贯性训练 ··· 105

模块四　小键盘数字录入技能 ··· 107

项目九　小键盘和小键盘数字录入的基本要求 ··· 108
任务一　了解小键盘的功能键 ··· 108
任务二　了解小键盘数字录入的基本要求 ··· 109

实训 1　小键盘数字录入训练 ··· 110

项目十　坐姿、手势和指法 ··· 111

任务一　学习正确的坐姿与物品摆放 ····································· 111

任务二　学习正确的手势 ·· 112

任务三　学习正确的指法 ·· 113

实训 2　小键盘盲打训练 ·· 114

模块五 ｜ 翻打传票技能 ··· 117

项目十一　认识传票 ··· 119

任务一　摆放与定位物品 ·· 120

任务二　准备传票 ··· 121

实训 1　开扇训练 ··· 122

项目十二　传票翻页的方法 ··· 122

任务一　掌握拇指翻页法 ·· 122

任务二　掌握食指单捻翻页法 ··· 123

任务三　掌握食指辅助拇指翻页法 ·· 124

实训 2　翻页、找页训练 ·· 124

任务四　掌握记页和数页 ·· 126

项目十三　看数与记数的方法 ··· 127

任务一　掌握分节看数与记数法 ·· 127

任务二　掌握一目一行看数与记数法 ··· 127

实训 3　看数与记数训练 ·· 128

实训 4　手、眼、脑配合连贯性训练 ·· 129

项目十四　提高翻打传票水平的训练方法 ································· 132

模块六 ｜ 全国职业院校技能大赛 ································· 135

项目十五　了解全国职业院校技能大赛高职组银行业务综合技能赛项 ········· 136

模块七 ｜ 会计基本技能达标考核实施方案 ··············· 145

项目十六　点钞技能达标考核 ··· 146

　　任务一　熟练点钞和小键盘计算技能 ·· 146

　　任务二　了解点钞技能达标标准 ·· 147

项目十七　翻打传票技能达标考核 ·· 149

　　任务一　了解翻打传票技能达标标准 ·· 149

　　任务二　熟悉会计基本技能考核规则 ·· 151

附录一　会计专业学生综合素养达标考核标准 ·································· 153

附录二　会计专业学生综合素养达标考核细则 ·································· 157

主要参考文献 ·· 171

资源导航

中国大学 MOOC 配套课程简介 …………………………………………… 前言

人民币的前世今生 ……………………………………………………… 4

阿拉伯数字的起源 ……………………………………………………… 58

汉字大写数字的渊源 …………………………………………………… 69

点钞技术 ………………………………………………………………… 88

小键盘数字录入技能 …………………………………………………… 108

翻打传票技能 …………………………………………………………… 118

职业技能比赛是职业教育的"风向标" ……………………………… 136

花式点钞 ………………………………………………………………… 146

学生翻打传票竞赛现场 ………………………………………………… 149

1

知识目标

1. 了解人民币反假的一般知识。
2. 了解假钞的类型及伪造手段。
3. 了解人民币的历史沿革。
4. 了解我国现行货币体系。

能力目标

1. 能掌握第五套人民币的防伪特征。
2. 能熟练掌握辨别真假人民币的主要方法。
3. 能正确处理日常工作和生活中发现的假币、疑似假币、残破和污损人民币。

素养目标

1. 爱护人民币，自觉学习和遵守国家有关保护人民币的法律、法规。
2. 增强自我保护意识，掌握防假币知识，防止误收假币。
3. 同制贩假币的违法犯罪行为作斗争，做诚实守信、遵守社会公德的好公民。

项目一
反假币常识

　　随着科学技术水平的提高，人民币的防伪技术也得到了长足的进步，但是与此同时，社会上伪造、使用假币的现象依旧存在。由此可见，人民币的反假工作任重而道远，提高每一个公民的反假币意识意义十分重大。

任务一　认识钞票防伪技术

　　钞票的防伪体现在设计、生产的各个工艺环节上。钞票具有特殊的防伪技术，这些技术体现在以下几个方面：

一、印刷技术防伪

　　钞票在印刷技术上主要有凹版印刷、平版印刷和凸版印刷。凹版印刷是指在印版上刻槽，注入油墨，在高温高压下将油墨压印到纸上，这样凹印的墨迹凸出纸面，有很强的立体感。平版印刷也称为胶印，印纹与纸面同为一体。凸版印刷的印纹的边缘有压痕和油墨受压堆积的现象，凸版印刷主要用于印刷钞票的序列号码。

二、纸张防伪

纸张是印制钞票的主要材料。一般来说,印钞专用纸的主要原材料是棉、麻纤维和高质量的木浆,在制作过程中不加任何增白剂,因而钞票本身没有荧光反应。在制作过程中可以在纸张中设置水印(固定部位水印、白水印、满版水印等)、安全线(金属安全线、微缩文字安全线、开窗式安全线等)和彩色纤维等。

三、油墨技术防伪

印制钞票采用的都是一些特殊的油墨,主要有有色荧光油墨、无色荧光油墨、磁性油墨和光变油墨等。其中,有色荧光油墨在普通光线下看是油墨的本来颜色,但是在紫外光照射下会发出特殊的荧光。无色荧光油墨印刷图案在普通光线下是看不见的,但是在紫外光照射下会发出特殊的荧光。磁性油墨是指油墨中带有磁性物质,可用机器检测出来。光变油墨采用了一种特殊的光可变材料,印刷图案具有流光溢彩的金属光泽,在自然光下随着人眼视角的改变,会呈现出两种或三种不同的颜色,色差变化明显。

四、图案防伪

图案防伪主要采用线描图案、防复印图案和对印等工艺。其中线描图案是指钞票的图案是由交叉或平行的线和点构成,颜色最深的部分由大量浓密的线条构成,亮的部分则是由虚线和小点组成,钞票上的彩色都是专色,没有电子分色合成。防复印图案是指钞票上特别的图案色彩模式,当复印机复印该钞票时防复印图案会变形或变黑。对印一般采用正背面同时印刷,迎光透视钞票正背面,同一部位的局部图案会互补组成一个完整的图案,不会发生错位的现象。

任务二　了解假钞的类型及伪造手段

假钞主要有伪造币和变造币两大类。伪造币是指仿照真币的原样,利用各种手段非法重新仿制的各类假币,它包括机制假钞和复印假钞两种;变造币是指在真币的基础上或以真币为基本材料加工实现升值的假币。

一、机制假钞

机制假钞是利用现代印刷设备造假,从纸张、油墨到制版印刷都是伪造的,主要有照相制版胶印、电子扫描仪和雕刻制版凹印三种。前两种假钞的印刷都是平板胶印,手摸线纹无油墨凸起的感觉。另外,水印、各种微印刷技术伪钞的效果不好,或看不清文字、数字,或多色接线、合成对印等,很容易识别。电子扫描胶印的最大特点是构成图案的细部属网点结构,线纹呈线点状而不是真钞图案的条状结构。而且,假币对复杂多变的细线纹印的模糊不清,颜色也不真,这些特点在放大镜下一目了然,也容易识别。

雕刻版凹印假钞较难鉴别,但是与真钞对比仍有本质区别。具体表现在假钞的钞纸不如真钞纸坚韧,纸张纤维的分布在疏密程度上与真钞不同。虽然凹印油墨也带有磁性,但与真钞相比磁信号和强度都不同,用专业鉴别器可以检测出来。

二、复印假钞

复印假钞是利用现代化办公设备伪造假钞,由于是利用复印机直接复印,伪造方法简单,耗时短且数量大。随着彩色复印技术的普及,运用这种方法伪造假钞的隐蔽性越来越强,危害越来越大,应注意多加防范。

三、变造假钞

变造假钞是以真钞的基本材料经过非法手段进行技术处理,从而改变纸币形态。其主要手段有:

(1)涂改票。涂改票是指经过擦除、刮除和利用化学药水褪色除去真钞上的图案和文字部分,然后再换成新的图案和文字,从而将小面额真钞改成大面额假钞,以达到赚取差价的目的。

(2)拼凑票。目前发现有两种方法形成拼凑票。一种是将真票剪成若干长条,每张取出其中一条,再用数条拼凑出一张完整的钞票,这对真钞有很大的破坏性。另一种是真伪拼凑票,即将真币剪下$\frac{1}{2}$或$\frac{1}{3}$,然后用假币将其拼凑复原。拼凑后的变造币纸幅大小与真币基本相同,但拼凑部分在紫光灯下有荧光反应,而真钞没有荧光反应。另外,拼凑票的拼凑部分与真币相接部分相比,其图案、花纹部位有错位现象。

> **🔍【小贴士】**
>
> 1999年版20元人民币是单面凹版印刷的,背面完全是胶印,没有凹凸感,与2005年版20元人民币的差别较大。2005年版10元人民币所使用的凹印油墨质量存在问题,所以人像、主景图案容易掉色。因此,这样的有掉色的人民币也极有可能是真币。2005年版的其他面值纸币基本不存在这个问题。

项目二 / 中国现行货币介绍

任务一 了解人民币的历史沿革

一、中国货币发展简介

人民币的前世今生

据文献记载,我国货币大致产生于第一次社会大分工之后的夏代,发展于奴隶社会殷商时期,形成于后周,统一于秦,与世界货币的起源和发展基本同步。就货币本身发展的

历程来看,我国的货币经历了实物货币、金属货币、纸币和电子货币四个不同的时期。

(一) 实物货币时期

实物货币时期是货币发展的最初阶段,产生于第一次社会大分工之后的夏代,即畜牧业与农业分离之后的原始社会后期奴隶社会早期。

交换形式为以物易物,其对象首先是牲畜,其次是布粟,最后为贝币。

(二) 金属货币时期

金属货币在我国的使用大致是在第二次社会大分工之后。它在我国的货币使用中长期占统治地位,并延续了几千年。

金属货币时期经历了三个阶段:仿形货币阶段(如西周布币、齐燕刀币、楚蚁鼻钱);记重货币阶段(如秦统一后的半两方孔圆钱、汉代的五铢钱);记(纪)年宝钱货币阶段(在钱上铸明年号的货币,如唐朝的"开元通宝")。

(三) 纸币时期

我国纸币产生于北宋时期,称为"交子"(官交子)。

元朝,纸币成为我国通用货币。

明朝,纸币名称统一为"大明通行宝钞"。

清朝,纸币称为"大清宝钞""户部管票"。

我国新式纸币出现于清光绪二十一年(1895年),由北洋铁轨官路总局和中国台湾地区先后发行的"银元票"。

1948年12月中国人民银行成立,开始发行人民币。1979年开始发行贵金属纪念币。截至目前,已经发行了五套人民币。目前流通的人民币主要是1999年发行的第五套人民币。

(四) 电子货币时期

电子货币是指在零售支付机制中,通过销售终端、不同的电子设备之间以及在互联网络上执行支付的"储值"和"预付支付机制"。

"储值"是指保存在物理介质(硬件或卡介质)中用来支付的价值,这种介质亦被称作"电子钱包",当其储存的价值被使用后,可以通过特定设备向其续储价值。

"预付支付机制"是指存在于特定软件或网络中的一组可以传输并可用于支付的电子数据,通常被称为"数字现金"。

二、中国古代货币发展的六次重大演变

中国是世界上最早使用货币的国家之一,使用货币的历史长达五千年之久。中国古代货币在形成和发展过程中,先后经历了六次重大的演变,其演变过程如表1-1所示。

表1-1 中国古代货币演变过程

演变阶段	特点	说明
第一阶段	由自然货币向人工货币演变	在中国的汉字中,凡与钱有关的字,大都从"贝"。由此可见,贝是我国最早的货币 随着商品交换的迅速发展,货币需求量越来越大,海贝已无法满足人们的需求,人们开始用铜仿制海贝。铜贝的出现,是我国古代货币史上由自然货

续　表

演变阶段	特　点	说　　明
第一阶段	由自然货币向人工货币演变	币向人工货币的一次重大演变 随着人工铸币的大量使用,海贝这种自然货币便慢慢退出了中国货币的历史舞台
第二阶段	由杂乱形状向规范形状演变	到了战国时期,我国的货币逐渐形成了以诸侯称雄割据为特色的四大体系,即:铲币、刀币、环钱、楚币(爰钱、蚁鼻钱) 秦统一中国后,秦始皇于公元前 210 年颁布了中国最早的货币法"以秦币同天下之币",规定在全国范围内通行秦国圆形方孔的半两钱 圆形方孔的秦半两钱在全国的通行,结束了我国古代货币形状各异、重量悬殊的杂乱状态,是我国古代货币史上由杂乱形状向规范形状的一次重大演变。秦半两钱确定下来的这种圆形方孔的形状,一直延续到民国初期
第三阶段	由地方铸币向中央铸币演变	据《汉书·食货志》记载,刘邦建汉后,允民私铸钱币。豪绅富商和地方势力乘机大铸恶钱而牟利。文帝时"邓通大夫也,以铸钱财过王者" 元鼎四年(公元前 115 年),汉武帝收回了郡国铸币权,由中央统一铸造五铢钱,从此确定了由中央政府对钱币铸造、发行的统一管理,这是中国古代货币史上由地方铸币向中央铸币的一次重大演变 此后,历代铸币皆由中央直接经营。铸币权收归中央,对稳定各朝的政局和促进经济发展起到了重要的作用
第四阶段	由文书重量向通宝、元宝演变	秦汉以来所铸的钱币,通常在钱文中都标明钱的重量,如"半两""五铢""四铢"等(二十四铢为一两) 唐高祖于武德四年(公元 621 年),决心改革币制,废轻重不一的历代古钱,取"开辟新纪元"之意,统一铸造"开元通宝"。"开元通宝"一反秦汉旧制,钱文不书重量,是我国古代货币由文书重量向通宝、元宝的演变 "开元通宝"是我国最早的通宝钱。此后,我国铜钱不再用钱文标重量,都以通宝、元宝相称,一直沿用到辛亥革命后的"民国通宝"
第五阶段	由金属货币向纸币"交子"演变	北宋时,由于铸钱的铜料紧缺,政府为弥补铜钱的不足,在一些地区大量铸造铁钱。据《宋史》记载,当时四川所铸铁钱一贯就重达二十五斤八两。在四川买一匹罗(丝织品),要付一百三十斤重的铁钱。铁钱如此笨重不便,纸币"交子"就在四川地区应运而生了。"交子"的出现,是我国古代货币史上由金属货币转向纸币的一次重要演变。"交子"不仅是我国最早的纸币,也是世界上最早的纸币
第六阶段	由手工铸币向机制纸币演变	清朝后期,随着国外先进科学技术的逐渐传入,光绪年间我国开始向国外购买造币机器,用于制造银元、铜元。后来,广东地区开始用机器制造无孔当十铜元。因制造者获利丰厚,各省纷纷效仿 清末机制货币的出现,是我国古代货币史上由手工货币向机制货币的重要演变。从此,不但铸造货币的工艺发生了重大变化,而且流通了两千多年的圆形方孔钱就此退出了历史舞台

三、中国现行货币介绍

　　人民币自发行以来,历时七十余载,随着我国经济的发展,以及人民生活水平不断提高的需要,至今已发行五套,从而形成了我国现行的货币(人民币)体系,如表 1-2 所示。

表 1–2　我国现行货币(人民币)体系

套 序	发行时间	券别及种类	说　明
第一套	1948 年 12 月 1 日	12 种面额 62 种版别,其中 1 元券 2 种、5 元券 4 种、10 元券 4 种、20 元券 7 种、50 元券 7 种、100 元券 10 种、200 元券 5 种、500 元券 6 种、1 000 元券 6 种、5 000 元券 5 种、10 000 元券 4 种、50 000 元券 2 种	第一套人民币作为当时中国唯一的合法货币,在除我国台湾地区和西藏地区以外的全国范围内流通,有力地支援了解放战争,同时,为稳定建国初期社会秩序、恢复生产、促进城乡物资交流发挥了重要作用
第二套	1955 年 3 月 1 日	主币面额为 1 元、2 元、3 元、5 元、10 元 5 种,辅币面额为 1 分、2 分、5 分、1 角、2 角、5 角 6 种,共 11 种	第二套人民币发行时,收回第一套人民币,新旧币兑换率为 1∶10 000。第二套人民币消除了第一套人民币特有的战时货币痕迹,为促进社会经济建设发挥了巨大作用。第二套人民币俗称"五三版"
第三套	1962 年 4 月 20 日	共有 1 角、2 角、5 角、1 元、2 元、10 元 7 种面额,9 种版别,其中 1 角券有 3 种版别	第三套人民币与第二套人民币的比价为 1∶1,新币采用了多色彩印技术,使画面色调活泼、丰富,其手工雕刻的制版工艺与多色技术配合,大大提高了防伪性能
第四套	1987 年 4 月 27 日	主币面额为 1 元、2 元、5 元、10 元、50 元、100 元 6 种,辅币面额为 1 角、2 角、5 角 3 种	第四套人民币与第三套人民币混合流通,两套人民币比价为 1∶1,该套人民币的印制工艺广泛采用水印、磁性油墨、荧光油墨的先进技术,提高了人民币的防伪性能
第五套	1999 年 10 月 1 日	共有 1 角、5 角、1 元、5 元、10 元、20 元、50 元、100 元 8 种面额,其中 1 角、5 角、1 元有纸币、硬币 2 种	1999 年版人民币发行后与当时流通的人民币等值流通,具有相同的货币职能。第五套人民币将国际先进的计算机辅助设计方法与我国传统手工绘制有机结合,既保留了中国传统钞票的设计特点,又具有鲜明的时代特征
	2005 年 8 月 31 日	发行有 100 元、50 元、20 元、10 元、5 元纸币和不锈钢材质 1 角硬币	
	2015 年 11 月 12 日	发行 2015 版 100 元纸币	2015 年版人民币发行后与当时同面额流通的人民币等值流通,在保持规格、主图案、主色调等与 2005 版第五套人民币 100 元纸币不变的前提下,对票面图案、防伪特征及其布局进行了调整,提高机读性能,采用了先进的公众防伪技术,使公众更易于识别真伪

套　序	发行时间	券别及种类	说　　明
第五套	2019 年 8 月 30 日	发行 2019 年版 50 元、20 元、10 元、元纸币和 1 元、5 角、1 角硬币	2019 年版人民币发行后与当时同面额流通的人民币等值流通,在保持当时主图案等相关要素不变的前提下,对票(币)面效果、防伪特征及分布局等进行了调整,采用先进的防伪技术,提高防伪能力和印制质量,使公众和自助设备易于识别
	2020 年 11 月 5 日	发行 2020 年版 5 元纸币	2020 年版 5 元纸币保持 2005 年版 5 元纸币规格、主图案、主色调、"中国人民银行"行名、国徽、盲文面额标记、汉语拼音行名、民族文字等要素不变,优化了票面结构参次与效果,提升了整体防伪性能

任务二　掌握 1999 年版第五套人民币的防伪特征

第五套人民币分为 1999 年版,2005 年版、2015 年版、2019 年版和 2020 年版,以下就以 1999 年版 100 元纸币和 1 元纸币为例,对 1999 年版人民币防伪特征作简单介绍。

一、1999 年版第五套人民币 100 元纸币的防伪特征

根据中华人民共和国第 268 号国务院令,中国人民银行于 1999 年 10 月 1 日,在全国发行 1999 年版第五套人民币 100 元纸币,如图 1-1 所示。1999 年版人民币发行后与当时流通的人民币等值,具有相同货币职能。

(一) 票面特征

1999 年版第五套人民币 100 元纸币的票面主色调为红色,票幅长 155 mm、宽 77 mm。正面主景为毛泽东头像,左侧为中国人民银行行名、阿拉伯数字"100"、面额"壹佰圆"和椭圆形花卉图案。左上角为中华人民共和国国徽图案,右下角为盲文面额标记,正面印有横竖双号码。背面主景为"中国人民银行"的汉语拼音字母和蒙、藏、维、壮四种民族文字的"中国人民银行"字样和面额。

(二) 设计特点

1999 年版第五套人民币 100 元纸币将国际先进的计算机辅助设计方法与我国传统手工绘制有机结合,既保留了中国传统钞票的设计特点,又具有鲜明的时代特征。其特点有:

(1) 突出"三大"即大人像、大水印、大面额数字,既便于识别,又能增强防伪功能。

(2) 取消了传统设计中以花边、花球为框的形式,整个票面呈开放式结构,增加了防伪设计空间。

1. 固定人像水印

2. 红、蓝彩色纤维

3. 磁性微文字安全线

4. 手工雕刻头像

5. 隐形面额数字

6. 胶印微缩文字

7. 光变油墨面额数字

8. 阴阳互补对印图案

9. 雕刻凹版印刷

10. 横竖双号码

100 元正面

100 元背面

图 1-1　1999 年版第五套人民币 100 元纸币

（3）背面主景设计采取组合风景方式、焦点透视和散点透视相结合的技艺，体现了中国文化特色，图纹花边设计既保持了货币的传统风格和特点，又具有防伪功能。

（4）票面简洁、线纹清晰、色彩亮丽。

（5）增加了机读技术，便于现代化机具清分处理。

（三）主要防伪特征

（1）固定人像水印。位于正面左侧空白处，迎光透视，可以看到立体感很强的毛泽东头像水印，如图 1-2 所示。

（2）红、蓝彩色纤维。在票面上，可以看到纸张中有不规则分布的红色和蓝色纤维。

（3）磁性微文字安全线。钞票纸中的安全线，迎光透视，可见"￥100"微小文字，仪器检测有磁性，如图 1-3 所示。

（4）手工雕刻头像。正面主景毛泽东头像，采用手工雕刻凹版印刷工艺，形象逼真、传神、凹凸感强，易于识别，如图 1-4 所示。

图 1-2　固定人像水印

（5）隐形面额数字。正面右上方有一个椭圆形图案，将钞票置于与眼睛接近平行的位置，面对光源作平面旋转 45 度或 90 度，可以看到面额数字"100"字样，如图 1-5 所示。

（6）胶印缩微文字。正面上方椭圆形图案中，多处印有胶印缩微文字，在放大镜下可看到"RMB"和"RMB100"字样。

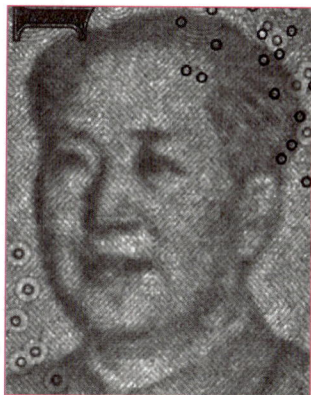

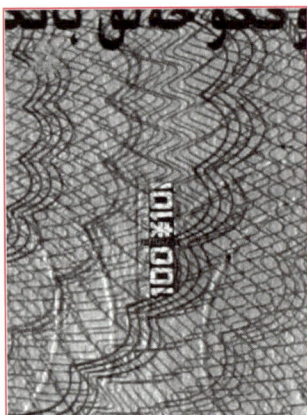

图 1-3 磁性微文字安全线　　图 1-4 手工雕刻头像　　图 1-5 隐形面额数字

（7）光变油墨面额数字。正面左下方"100"字样，与票面垂直角度观察为绿色，倾斜一定角度则变为蓝色，如图 1-6 所示。

图 1-6 光变油墨面额数字

（8）阴阳互补对印图案。正面左下角和背面右下角均有一圆形局部图案，迎光透视，可以看到正背面图案重合组成一个完整的古钱币图案。

（9）雕刻凹版印刷。正面主景毛泽东头像、中国人民银行行名、面额数字、盲文面额标记和背面主景人民大会堂图案均采用雕刻凹版印刷，用手指触摸有明显凹凸感。

（10）横竖双号码。正面采用横竖双号码（均为两位冠字、八位号码）印刷，横号码为黑色，竖号码为蓝色。

二、1999 年版第五套人民币 1 元纸币的防伪特征

根据 1999 年 6 月 30 日中华人民共和国第 268 号国务院令，中国人民银行于 2004 年 7 月 30 日起在全国发行第五套人民币 1 元纸币，如图 1-7 所示。第五套人民币 1 元纸币发行后，与当时流通的人民币等值流通，具有相同货币职能。

1. 固定花卉水印

2. 手工雕刻头像

3. 隐形面额数字

1元正面

4. 胶印缩微文字

5. 雕刻凹版印刷

6. 双色横号码

1元背面

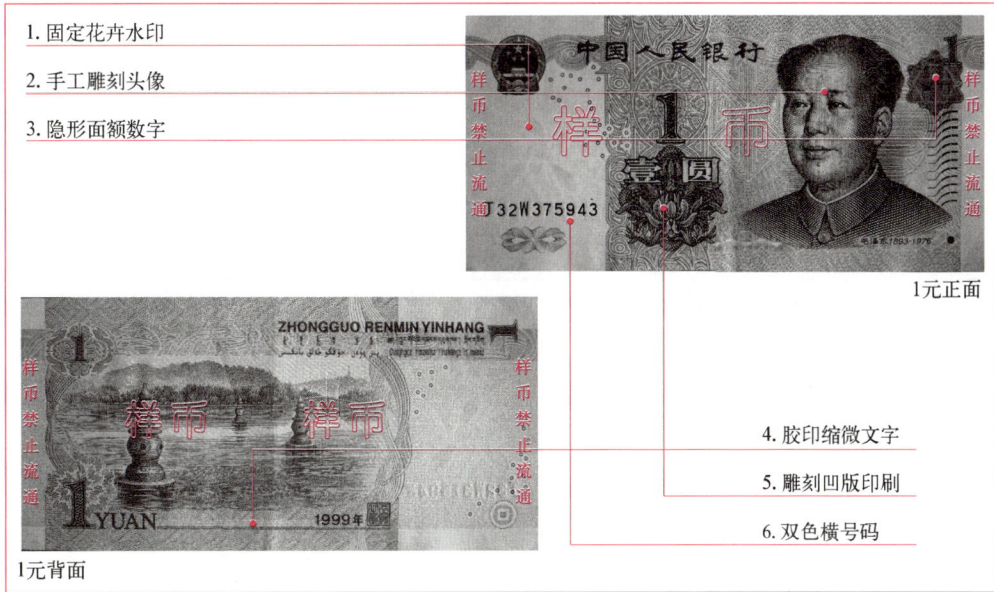

图 1-7 1999 年版第五套人民币 1 元纸币

(一) 票面特征

1999 年版第五套人民币 1 元纸币的主色调为橄榄绿色,票幅长 130 mm、宽 63 mm。正面主景图案为毛泽东头像,左侧为中国人民银行行名、阿拉伯数字"1""壹圆"字样和花卉图案,左上角为中华人民共和国国徽图案,左下角印有双色横号码,右下角为盲文面额标记。背面主景图案为杭州西湖,左上方印有阿拉伯数字"1",左下方印有面额"1YUAN",右上方为"中国人民银行"汉语拼音和蒙、藏、维、壮四种民族文字的"中国人民银行"字样、面额,右下方为年号和"行长之章"印鉴。

(二) 设计特点

1999 年版第五套人民币 1 元纸币将国际先进的计算机辅助钞票设计与我国传统手工绘制工艺有机结合,既保留了中国传统钞票的设计特点,又具有鲜明的时代特征。具体可参见 1999 年版第五套人民币 100 元纸币的设计特点。

(三) 主要防伪特征

(1) 固定花卉水印。位于正面左侧空白处,迎光透视,可以看到立体感很强的兰花水印。

(2) 手工雕刻头像。正面主景毛泽东头像采用手工雕刻凹版印刷工艺,形象逼真、传神,凹凸感强,易于识别。

(3) 隐形面额数字。正面右上方有一个装饰图案,将票面置于与眼睛接近平行的位置,面对光源作上下倾斜晃动,可看到面额数字"1"字样。

(4) 胶印缩微文字。背面下方胶印图案中,印有缩微文字"人民币"和"RMB1"。

(5) 雕刻凹版印刷。正面主景毛泽东头像、中国人民银行行名、面额数字、盲文面额标记等均采用雕刻凹版印刷,用手指触摸有明显的凹凸感。

(6) 双色横号码。正面印有双色横号码,左侧部分为红色,右侧部分为黑色。

三、1999 年版各票面纸币的防伪特征

1999 年版人民币各票面纸币防伪特征如表 1-3 所示。

表 1-3　1999 年版人民币各票面纸币防伪特征

	面　　额	100 元	50 元	20 元	10 元	5 元	1 元
票面设计	发行时间	1999 年 10 月 1 日	2001 年 9 月 1 日	2000 年 10 月 16 日	2001 年 9 月 1 日	2002 年 11 月 18 日	2004 年 7 月 30 日
	规格	155 mm× 77 mm	150 mm× 70 mm	145 mm× 70 mm	140 mm× 70 mm	135 mm× 63 mm	130 mm× 63 mm
	主色调	红色	绿色	棕色	蓝黑色	紫色	橄榄绿
	正面主景	毛泽东头像					
	背面主景	人民大会堂	布达拉宫	桂林山水	长江三峡	泰山	西湖
公众防伪	固定水印	人像：毛泽东头像	人像：毛泽东头像	花卉：荷花	花卉：月季花	花卉：水仙花	花卉：兰花
	红、蓝、彩色纤维	有	有	有	有	有	无
	白水印	无	无	无	10	5	无
	安全线	磁性缩微文字安全线，RMB100	磁性缩微文字安全线，RMB50	明暗相间的安全线	全息磁性开窗安全线，开窗在正面，¥10	全息磁性开窗安全线，开窗在正面，¥5	无
	手工雕刻头像	毛泽东头像					
	隐形面额数字	100	50	20	10	5	1
	胶印缩微文字	RMB100、RMB	50、RMB50	RMB20	RMB10	5、RMB5	人民币、RMB1
	光变油墨面额数字	绿变蓝	金变绿	无	无	无	无
	胶印对印图案	古钱币	古钱币	无	古钱币	无	无
	雕刻凹版印刷	正面国徽、行名、主景、面额、装饰图案、团花、盲文面额标	正面国徽、行名、主景、面额、装饰图案、团花、盲文面额标	正面国徽、行名、正面主景、面额、装饰图案、团花、盲文	正面国徽、行名、主景、面额、装饰图案、团花、盲文面额标	正面国徽、行名、主景、面额、装饰图案、团花、盲文面额标	正面国徽、行名、正面主景、面额、装饰图案、团花、

续　表

面　额		100元	50元	20元	10元	5元	1元
公众防伪	雕刻凹版印刷	记、背面主景、民族文字、凹印缩微文字、年号、行长章	记、背面主景、民族文字、凹印缩微文字、年号、行长章	装饰图案面额标记	记、背面主景、民族文字、凹印缩微文字、年号、行长章	记、背面主景、民族文字、凹印缩微文字、年号、行长章	凹印手感线、盲文面额标记
	冠字号码	横竖双号码，二位冠字，八位号码，横黑竖蓝	横竖双号码，二位冠字，八位号码，横黑竖红	双色横号码，二位冠字，八位号码，左红右黑	双色横号码，二位冠字，八位号码，左红右黑	双色横号码，二位冠字，八位号码，左红右黑	双色横号码，二位冠字，八位号码，左红右黑
	凹印手感线	无	无	无	无	无	有
专业防伪	胶印接线印刷	有	有	无	有	无	无
	凹印接线印刷	有	有	有	有	有	有
	凹印缩微文字	RMB100，人民币,100	RMB50，人民币,50	RMB20	RMB10，人民币,10	RMB5，人民币,5	RMB1
	无色荧光油墨印刷图案	100	50	20	10	5	1
	有色荧光油墨印刷图案	橘黄色	黄色	绿色	黄色	绿色	黄色
	无色荧光纤维	黄、蓝	黄、蓝	黄、蓝	黄、蓝	黄、蓝	黄、蓝
	磁性号码	有	有	有	有	有	有
	特种标记	无	无	无	无	无	有
	专用纸张	酸性	酸性	酸性	酸性	酸性	中性
	公众防伪	10项	10项	8项	10项	9项	7项
	专业防伪	8项	8项	7项	8项	7项	8项

任务三　掌握2005年版第五套人民币的防伪特征

第五套人民币纸币的面额有100元、50元、20元、10元和5元。2005年版第五套人民币的各面额纸币设计的主要特点是将国际先进的计算机辅助设计方法与我国传统手工绘制进行有机结合，既保留了中国传统钞票的设计特点，又具有鲜明的时代特征。

2005 年版第五套人民币各面额的防伪特征如下。

一、2005 年版第五套人民币 100 元纸币的防伪特征

2005 年版第五套人民币 100 元纸币如图 1-8 所示。

图 1-8 2005 年版第五套人民币 100 元纸币

(一)票面特征

2005 年版第五套人民币 100 元纸币的票面主色调为红色,票幅长 155 mm、宽 77 mm。正面主景为毛泽东头像,左侧为中国人民银行行名、阿拉伯数字"100"、面额"壹佰圆"和椭圆形花卉图案。左上角为中华人民共和国国徽图案,右下角为盲文面额标记,正面印有横竖双号码。票面背景主景为人民大会堂图案,左侧为人民大会堂内圆柱图案。右上方为"中国人民银行"的汉语拼音字母和蒙、藏、维、壮四种民族文字的"中国人民银行"字样和面额。

(二)票面主要防伪技术

(1)双色异形横号码。

（2）固定人像水印。

（3）胶印微缩文字。

（4）胶印对印图案。

（5）光变油墨面额数字。

（6）白水印。

（7）雕刻凹版印刷。

（8）隐形面额数字。

（9）凹印手感线。

（10）手工雕刻头像。

（11）盲文面额标记。

（12）全息磁性开窗安全线。

二、2005 年版第五套人民币 50 元纸币的防伪特征

2005 年版第五套人民币 50 元纸币如图 1-9 所示。

图 1-9 2005 年版第五套人民币 50 元纸币

（一）票面特征

2005 年版第五套人民币 50 元纸币的票面主色调为蓝黑色,票幅长 140 mm、宽 70 mm。正面主景为毛泽东头像,左侧为中国人民银行行名、阿拉伯数字"50"、面额"伍拾圆"和花卉图案。左上角为中华人民共和国国徽图案,左下角印有双色横号码,右下角为盲文面额标记。背景主景为布达拉宫图案,右上方为"中国人民银行"的汉语拼音字母和蒙、藏、维、壮四种民族文字的"中国人民银行"字样和面额。

（二）票面主要防伪技术

（1）双色异形横号码。

（2）固定人像水印。

（3）胶印微缩文字。

（4）胶印对印图案。

（5）光变油墨面额数字。

（6）白水印。

（7）雕刻凹版印刷。

（8）隐形面额数字。

（9）凹印手感线。

（10）手工雕刻头像。

（11）盲文面额标记。

（12）全息磁性开窗安全线。

三、2005 年版第五套人民币 20 元纸币的防伪特征

2005 年版第五套人民币 20 元纸币如图 1-10 所示。

（一）票面特征

2005 年版第五套人民币 20 元纸币的票面主色调为蓝黑色,票幅长 140 mm、宽 70 mm。正面主景为毛泽东头像,左侧为中国人民银行行名、阿拉伯数字"20"、面额"贰拾圆"和花卉图案。左上角为中华人民共和国国徽图案,左下角印有双色横号码,右下角为盲文面额标记。背景主景为桂林山水图案,右上方为"中国人民银行"的汉语拼音字母和蒙、藏、维、壮四种民族文字的"中国人民银行"字样和面额。

（二）票面主要防伪技术

（1）双色异形横号码。

（2）固定花卉水印。

（3）胶印微缩文字。

（4）胶印对印图案。

（5）白水印。

（6）雕刻凹版印刷。

（7）隐形面额数字。

（8）凹印手感线。

双色异形横号码　固定花卉水印　胶印微缩文字　全息磁性开窗安全线　　隐形面额数字　凹印手感线

胶印对印图案　白水印　胶印微缩文字　手工雕刻头像　盲文面额标记

雕刻凹版印刷　　　　　　　　　　　　胶印对印图案

汉语拼音"YUAN"　年号"2005年"

图 1－10　2005 年版第五套人民币 20 元纸币

（9）手工雕刻头像。

（10）盲文面额标记。

（11）全息磁性开窗安全线。

四、2005 年版第五套人民币 10 元纸币的防伪特征

2005 年版第五套人民币 10 元纸币如图 1-11 所示。

（一）票面特征

2005 年版第五套人民币 10 元纸币的票面主色调为蓝黑色，票幅长 140 mm、宽 70 mm。正面主景为毛泽东头像，左侧为中国人民银行行名、阿拉伯数字"10"、面额"拾圆"和花卉图案。左上角为中华人民共和国国徽图案，左下角印有双色横号码，右下角为盲文面额标记。背景主景为长江三峡图案，右上方为"中国人民银行"的汉语拼音字母和蒙、藏、维、壮四种民族文字的"中国人民银行"字样和面额。

（二）票面主要防伪技术

（1）双色异形横号码。

双色异形 固定花卉
横号码 水印 胶印微缩文字 全息磁性开窗安全线 隐形面额数字 凹印手感线

胶印对印图案 白水印 雕刻凹版印刷 手工雕刻头像 盲文面额标记

胶印对印图案

汉语拼音"YUAN" 年号"2005年"

图 1-11 2005 年版第五套人民币 10 元纸币

（2）固定花卉水印。

（3）胶印微缩文字。

（4）胶印对印图案。

（5）白水印。

（6）雕刻凹版印刷。

（7）隐形面额数字。

（8）凹印手感线。

（9）手工雕刻头像。

（10）盲文面额标记。

（11）全息磁性开窗安全线。

任务四 掌握 2015 年版第五套人民币的防伪特征

为了更好地保护人民币持有人的利益，需要根据科学技术的发展，不断提高钞票的防伪技术和印制质量,保持人民币防伪技术的领先地位。为此,中国人民银行决定发行2015年版第五套人民币100元纸币,在保持规格、主图案、主色调等与2005年版第五套人民币100元纸币不变的前提下,对票面图案、防伪特征及其布局进行了调整,提高机读性能,采用了先进的公众防伪技术,使公众更易于识别真伪。

2015年11月12日,2015年版第五套人民币100元纸币发行后,与同面额流通人民币等值流通。50元、20元、10元、5元、1元等面额依然使用2005年版人民币。现对2015年版100元人民币的防伪特征作详细介绍。

一、2015年版第五套人民币100元纸币的防伪特征

2015年版第五套人民币100元纸币如图1-12所示。

图1-12　2015年版第五套人民币100元样币

(一)票面特征

2015年版第五套人民币100元纸币,在保持2005年版第五套人民币100元纸币规格、正背面主图案、主色调、中国人民银行行名、国徽、盲文和汉语拼音行名、民族文字等不变的前提下,对部分图案作了适当调整,对整体防伪性能进行了提升。

(二)票面主要防伪技术

1. 光变镂空开窗安全线

该安全线位于票面正面右侧。垂直票面观察,安全线呈品红色;与票面成一定角度观察,安全线呈绿色;透光观察,可见安全线中正反交替排列的镂空文字"¥100"。如图1-13和图1-14所示。

图1-13　光变镂空开窗安全线(1)

图1-14　光变镂空开窗安全线(2)

2. 光彩光变数字

该数字位于票面正面中部。垂直票面观察,数字以金色为主;平视观察,数字以绿色为主。随着观察角度的改变,数字颜色在金色和绿色之间交替变化,并可见到一条亮光带上下滚动。如图1-15所示。

图1-15 光彩光变数字

图1-16 人像水印

3. 人像水印

该水印位于票面正面左侧空白处,透光观察,可见毛泽东头像。如图1-16所示。

4. 胶印对印图案

票面正面左下方和背面右下方均有面额数字100的局部图案。透光观察,正背面图案组成一个完整的面额数字"100"。如图1-17和图1-18所示。

图1-17 胶印对印图案(1)

图1-18 胶印对印图案(2)

5. 横竖双号码

票面正面右侧采用竖号码,其冠字和数字均为蓝色。正面左下方采用横号码,其冠字和前两位数字为暗红色,后六位数字为黑色。如图1-19所示。

6. 白水印

该水印位于票面正面横号码下方。透光观察,可以看到透光性很强的水印面额数字"100"。如图1-20所示。

图 1-19　横竖双号码

7. 雕刻凹印

2015 年版第五套人民币 100 元纸币共有三处雕刻凹印,用手指触摸有明显的凹凸感,这三处分别是:

(1)票面正面毛泽东头像雕刻凹印样式。如图 1-21 所示。

(2)票面正面国徽雕刻凹印样式。如图 1-22 所示。

(3)票面正面盲文雕刻凹印样式。如图 1-23 所示。

图 1-20　白水印

图 1-21　雕刻凹印(1)

图 1-22　雕刻凹印(2)

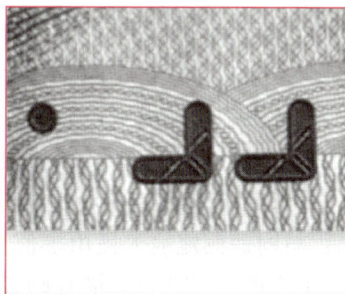

图 1-23　雕刻凹印(3)

二、2015 年版与 2005 年版第五套人民币 100 元纸币防伪特征的区别

(一)正面调整变化

(1)提升了人像水印等防伪性能。

(2)取消了票面右侧的凹印手感线、隐形面额数字和左下角的光变油墨面额数字。

(3)票面中部增加了光彩光变数字,票面右侧增加了光变镂空开窗安全线和竖号码,还增加了磁性全埋安全线。

(4)票面右上角面额数字由横排改为竖排;中央团花图案中心花卉色彩由橘红色

调整为紫色,取消花卉外淡蓝色花环;胶印对印图案由古钱币图案改为面额数字"100",并由票面左侧中间位置调整至左下角。

（二）背面调整变化

（1）取消了全息磁性开窗安全线和右下角的防复印标记。

（2）减少了票面左右两侧边部胶印图纹,适当留白;胶印对印图案由古钱币图案改为面额数字 100,并由票面右侧中间位置调整至右下角;面额数字 100 上半部颜色由深紫色调整为浅紫色,下半部由大红色调整为橘红色;票面局部装饰图案色彩由蓝、红相间调整为紫、红相间。

（3）年号调整为"2015 年"。

任务五　掌握 2019 年版第五套人民币的防伪特征

1999 年 10 月,根据中华人民共和国国务院令第 268 号,中国人民银行发行了第五套人民币。2005 年 8 月,为提升防伪技术和印制质量,中国人民银行发行了 2005 年版第五套人民币部分纸硬币。2015 年 11 月,中国人民银行发行了新版 100 元纸币,其防伪能力和印制质量明显提升,受到社会广泛好评。迄今为止,50 元、20 元、10 元、1 元纸币和 1 元、5 角、1 角硬币已发行流通十多年。在此期间,现金流通情况发生巨大变化,现金自动处理设备快速发展,假币伪造花样翻新,货币防伪技术更新换代加快,这些都对人民币的设计水平、防伪技术和印制质量提出了更高要求。为适应人民币流通使用的发展变化,更好维护人民币信誉和持有人利益,提升人民币整体防伪能力,保持第五套人民币系列化,中国人民银行于 2019 年 8 月 30 日发行了 2019 年版第五套人民币 50元、20 元、10 元、1 元纸币和 1 元、5 角、1 角硬币,在保持此前第五套人民币主图案等相关要素不变的前提下,对票(币)面效果、防伪特征及其布局等进行了调整,采用先进的防伪技术,提高防伪能力和印制质量,使公众和自助设备易于识别。

2019 年版第五套人民币 50 元、20 元、10 元、1 元纸币和 1 元、5 角、1 角硬币发行后,与同面额流通人民币等值流通。2019 年版 50 元、20 元、10 元、1 元纸币调整正面毛泽东头像、装饰团花、横号码、背面主景和正背面面额数字的样式,增加正面左侧装饰纹样,取消正面右侧凹印手感线和背面右下角局部图案,票面年号改为"2019 年"。现对2019 年版 50 元、20 元、10 元、1 元人民币纸币的防伪特征作详细介绍。

一、2019 年版第五套人民币 50 元纸币的防伪特征

2019 年版第五套人民币 50 元纸币如图 1-24 所示。

（一）票面特征

2019 年版第五套人民币 50 元纸币,在保持 2005 年版第五套人民币 50 元纸币规格、主图案、主色调、中国人民银行行名、国徽、盲文面额标记、汉语拼音行名、民族文字等要素不变的前提下,提高了票面色彩鲜亮度,优化了票面结构层次与效果,提升了整体防伪性能。

图1-24 2019年版第五套人民币50元样币

(二)票面主要防伪技术特征

1.人像水印

该水印位于票面正面左侧。透光观察,可见毛泽东头像水印。如图1-25所示。

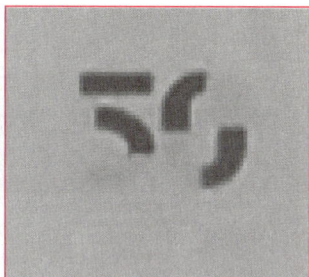

图1-25 人像水印　图1-26 胶印对印图案(1)　图1-27 胶印对印图案(2)

2.胶印对印图案

票面正面左下角和背面右下角均有面额数字"50"的局部图案。透光观察,正背面图案组成一个完整的面额数字"50"。如图1-26和图1-27所示。

3.白水印

该水印位于票面正面左侧下方。透光观察,可见面额数字"50"。如图1-28所示。

4.光彩光变面额数字

该数字位于票面正面中部。改变钞票观察角度,面额数字50的颜色在绿色和蓝色之间变化,并可见一条亮光带上下滚动,如图1-29所示。

图1-28 白水印

5.雕刻凹印

2019年版第五套人民币50元纸币共有七处雕刻凹印,这七处分别是:票面正面毛泽东头像、国徽、中国人民银行行名、装饰团花、右上角面额数字、盲文面额标记及背面主景等均采用雕刻凹版印刷,触摸有凹凸感。分别如图1-30至图1-36所示。

23

图 1-29 光彩光变面额数字

图 1-30 雕刻凹印(1)

图 1-31 雕刻凹印(2)

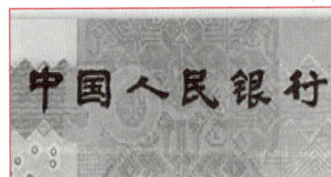

图 1-32 雕刻凹印(3)

图 1-33 雕刻凹印(4)

图 1-34 雕刻凹印(5)

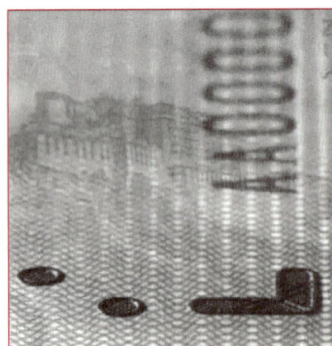

图 1-35 雕刻凹印(6)

图 1-36 雕刻凹印(7)

6.动感光变镂空开窗安全线

该安全线位于票面正面右侧。改变钞票观察角度,安全线颜色在红色和绿色之间变化,亮光带上下滚动。透光观察可见"￥50",如图 1-37 和图 1-38 所示。

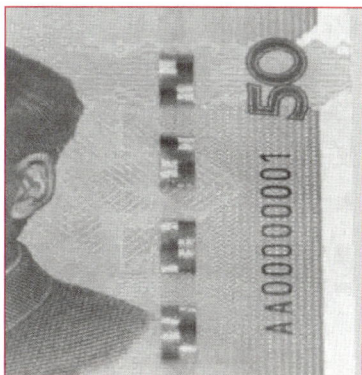

图 1-37 动感光变镂空开窗安全线(1)　图 1-38 动感光变镂空开窗安全线(2)

二、2019 年版第五套人民币 20 元纸币的防伪特征

2019 年版第五套人民币 20 元纸币如图 1-39 所示。

图 1-39 2019 年版第五套人民币 20 元样币

(一)票面特点

2019 年版第五套人民币 20 元纸币,在保持 2005 年版第五套人民币 20 元纸币规格、主图案、主色调、中国人民银行行名、国徽、盲文面额标记、汉语拼音行名、民族文字等要素不变的前提下,提高了票面色彩鲜亮度,优化了票面结构层次与效果,提升了整体防伪性能。

(二)票面主要防伪技术

1.花卉水印

该水印位于票面正面左侧。透光观察,可见花卉图案水印,如图 1-40 所示。

图 1-40 花卉水印

2. 胶印对印图案

票面正面左下角和背面右下角均有面额数字 20 的局部图案。透光观察,正背面图案组成一个完整的面额数字"20",如图 1-41 和图 1-42 所示。

图 1-41 胶印对印图案　　　　图 1-42 胶印对印图案

3. 白水印

该水印位于票面正面左侧下方。透光观察,可见面额数字"20",如图 1-43 所示。

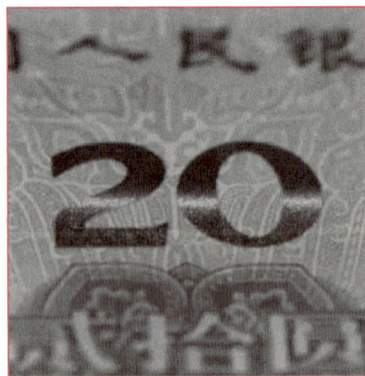

图 1-43 白水印　　　　图 1-44 光彩光变面额数字

图 1-45 雕刻凹印(1)

4. 光彩光变面额数字

该数字位于票面正面中部。改变钞票观察角度,面额数字"20"的颜色在金色和绿色之间变化,并可见一条亮光带上下滚动,如图 1-44 所示。

5. 雕刻凹印

2019 年版第五套 20 元面额人民币共有七处雕刻凹印,这七处分别是:票面正面毛泽东头像、国徽、"中国人民银行"行名、装饰团花、右上角面额数字、盲文面额标记及背面主景等均采用雕刻凹版印刷,触摸有凹凸感,分别如图 1-45 至图 1-51 所示。

图 1-46 雕刻凹印(2)

图 1-47 雕刻凹印(3)

图 1-48 雕刻凹印(4)

图 1-49 雕刻凹印(5)

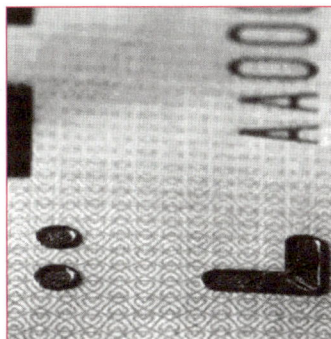

图 1-50 雕刻凹印(6)

图 1-51 雕刻凹印(7)

6. 动感光变镂空开窗安全线

该安全线位于票面正面右侧。改变钞票观察角度,安全线颜色在红色和绿色之间变化,亮光带上下滚动。透光观察可见"¥50",如图 1-52 和图 1-53 所示。

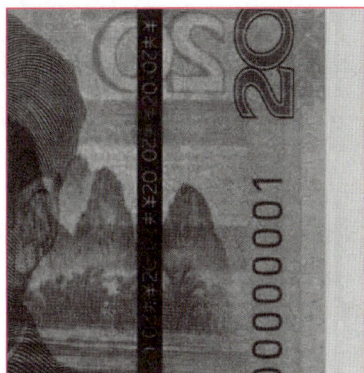

图 1-52 动感光变镂空开窗安全线(1)

图 1-53 动感光变镂空开窗安全线(2)

三、2019 年版第五套人民币 10 元纸币的防伪特征

2019 年版第五套人民币 10 元纸币如图 1-54 所示。

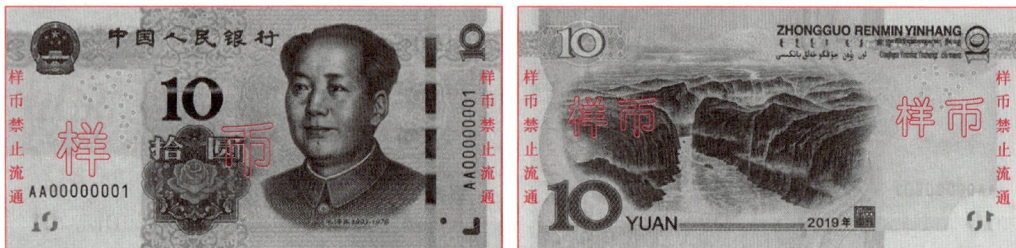

图 1-54　2019 年版第五套人民币 10 元样币

（一）票面特点

2019 年版第五套人民币 10 元纸币,在保持 2005 年版第五套人民币 10 元纸币规格、主图案、主色调、中国人民银行行名、国徽、盲文面额标记、汉语拼音行名、民族文字等要素不变的前提下,提高了票面色彩鲜亮度,优化了票面结构层次与效果,提升了整体防伪性能。

（二）票面主要防伪技术

1. 花卉水印

该水印位于票面正面左侧。透光观察,可见花卉图案水印,如图 1-55 所示。

图 1-55　花卉水印

图 1-56　胶印对印图案(1)

图 1-57　胶印对印图案(2)

图 1-58　白水印

2. 胶印对印图案

票面正面左下角和背面右下角均有面额数字 10 的局部图案。透光观察,正背面图案组成一个完整的面额数字"10",如图 1-56 和图 1-57 所示。

3. 白水印

该水印位于票面正面左侧下方。透光观察,可见面额数字"10",如图 1-58 所示。

4. 光彩光变面额数字

该数字位于票面正面中部。改变钞票观察角度,面额数字"10"的颜色在金色和绿色之间变化,并可见一条亮光带上下滚动,如图 1-59 所示。

5. 雕刻凹印

2019 年版第五套人民币 10 元纸币共有七处雕刻凹印,这七处分别是:票面正面毛泽东头像、国徽、中国人民银行行名、装饰团花、右上角面额数字、盲文面额标记及背面主景等均采用雕刻凹版印刷,触摸有凹凸感,分别如图 1-60 至图 1-66 所示。

图 1-59 光彩光变面额数字

图 1-60 雕刻凹印(1)

图 1-61 雕刻凹印(2)

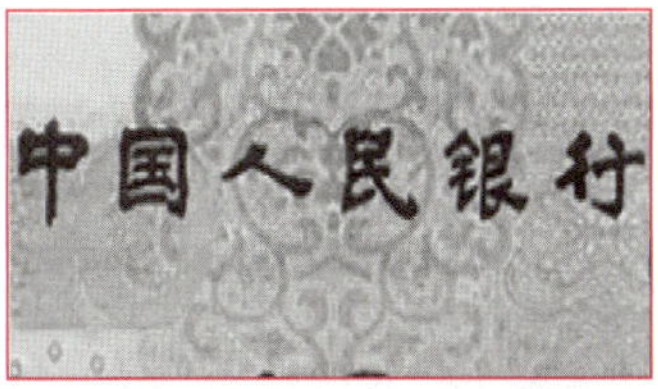

图 1-62 雕刻凹印(3)

图 1-63 雕刻凹印(4)

图 1-64 雕刻凹印(5)

图 1-65 雕刻凹印(6)

图 1-66 雕刻凹印(7)

6. 动感光变镂空开窗安全线

该安全线位于票面正面右侧。改变钞票观察角度,安全线颜色在红色和绿色之间变化,亮光带上下滚动。透光观察可见"￥10",如图 1-67 和图 1-68 所示。

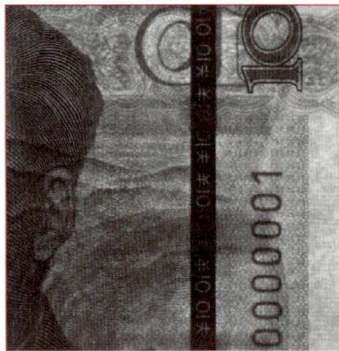

图 1-67 动感光变镂空开窗安全线(1)　图 1-68 动感光变镂空开窗安全线(2)

四、2019 年版第五套人民币 1 元纸币的防伪特征

2019 年版第五套人民币 1 元纸币如图 1-69 所示。

图 1-69 2019 年版第五套人民币 1 元样币

(一)票面特点

2019 年版第五套人民币 1 元纸币,在保持 1999 年版 1 元纸币规格、主图案、主色调、中国人民银行行名、国徽、盲文面额标记、汉语拼音行名、民族文字等要素不变的前提下,提高了票面色彩鲜亮度,优化了票面结构层次与效果,提升了整体防伪性能。

(二)票面主要防伪技术

1. 花卉水印

该水印位于票面正面左侧。透光观察,可见花卉图案水印,如图 1-70 所示。

2. 白水印

该水印位于票面正面左侧下方。透光观察,可见面额数字"1",如图 1-71 所示。

3. 雕刻凹印

2019 年版第五套 1 元面额人民币共有六处雕刻凹印,这六处分别是:票面正面毛泽东头像、国徽、中国人民银行行名、装饰团花、右上角面额数字、盲文面额标记等均采用雕刻凹版印刷,触摸有凹凸感,分别如图 1-72 至图 1-77 所示。

图1-70　花卉水印

图1-71　白水印

图1-72　雕刻凹印(1)

图1-73　雕刻凹印(2)

图1-74　雕刻凹印(3)

图1-75　雕刻凹印(4)

图1-76　雕刻凹印(5)

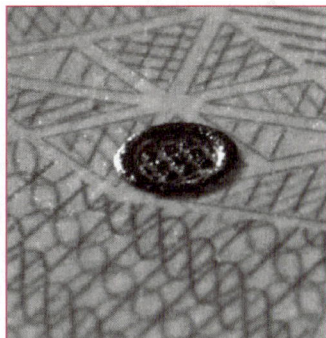

图1-77　雕刻凹印(6)

五、2019 年版第五套人民币的防伪技术和印制质量的改进和提升

　　2019 年版第五套人民币 50 元、20 元、10 元、1 元纸币与 2015 年版第五套人民币 100 元纸币的防伪技术及其布局形成系列化。在原第五套人民币纸币(2005 年版 50 元、20 元、10 元纸币,1999 年版 1 元纸币)防伪技术基础上,50 元、20 元、10 元纸币增加光彩光变面额数字、光变镂空开窗安全线、磁性全埋安全线、竖号码等防伪特征,取消全息磁性开窗安全线和凹印手感线,50 元纸币取消光变油墨面额数字,1 元纸币增加磁性

全埋安全线和白水印。总体看,应用的防伪技术更加先进,布局更加合理,整体防伪能力有明显提升。

(一)光彩光变面额数字

光彩光变技术是国际印钞领域公认的先进防伪技术,易于公众识别。2019 年版第五套人民币 50 元、20 元、10 元纸币票面中部印有光彩光变面额数字,改变钞票观察角度,面额数字颜色出现变化,并可见一条亮光带上下滚动。

(二)光变镂空开窗安全线

光变镂空开窗安全线具有颜色变化和镂空文字特征,易于公众识别,是一项常用的公众防伪特征。2019 年版 50 元纸币采用动感光变镂空开窗安全线,改变钞票观察角度,安全线颜色在红色和绿色之间变化,亮光带上下滚动;透光观察可见"¥50"。2019 年版 20 元、10 元纸币采用光变镂空开窗安全线,与 2015 年版 100 元纸币类似,改变钞票观察角度,安全线颜色在红色和绿色之间变化;透光观察,20 元纸币可见"¥20",10 元纸币可见"¥10"。

(三)其他措施

2019 年版第五套人民币纸币还采取了其他多种措施提升防伪技术和印制质量。例如,水印清晰度和层次效果明显提升;钞票纸强度显著提高,流通寿命更长;纸币两面采用抗脏污保护涂层,整洁度明显改善;延续 2015 年版第五套人民币 100 元纸币冠字号码字形设计,有利于现金机具识别。

任务六 掌握 2020 年版第五套人民币的防伪特征

根据人民币提升工作总体安排,为适应人民币流通使用的发展变化,提升人民币整体设计水平和防伪能力,保持第五套人民币系列化,中国人民银行于 2020 年 11 月 5 日起发行 2020 年版第五套人民币 5 元纸币,在保持原第五套人民币 5 元纸币主图案、主色调、规格尺寸等相关要素不变的前提下,对票面效果、防伪特征及其布局等进行了调整,采用先进的防伪技术,提高防伪能力和印制质量,使公众和自助设备易于识别。至此,第五套人民币本次提升工作已告完成。

2020 年版第五套人民币 5 元纸币发行后,与同面额流通人民币等值流通。现对 2020 年版 5 元人民币的防伪特征作详细介绍。

一、2020 年版第五套人民币 5 元纸币的防伪特征

2020 年版第五套人民币 5 元纸币如图 1-78 所示。

(一)票面特点

2020 年版第五套人民币 5 元纸币保持 2005 年版第五套人民币 5 元纸币规格、主图案、主色调、中国人民银行行名、国徽、盲文面额标记、汉语拼音行名、民族文字等要素不变,优化了票面结构层次与效果,提升了整体防伪性能。

图 1-78 2020 年版第五套人民币 5 元样币

(二)票面主要防伪技术

1.花卉水印

该水印位于票面正面左侧。透光观察,可见花卉图案水印,如图 1-79 所示。

2.凹印对印面额数字与凹印对印图案

票面正面左下角、右上角和其对应的背面右下角、左上角有面额数字"5"和对应图案的局部图案。透光观察,正背面图案组成完整的面额数字与对印图案,如图 1-80 和图 1-81 所示。

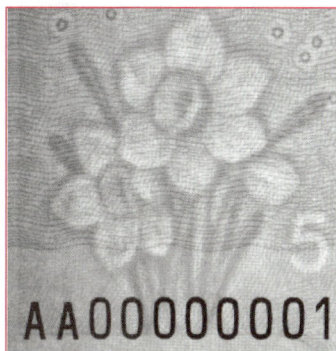

图 1-79 花卉水印

图 1-80 正面凹印对印面额数字与凹印对印图案(1)

图 1-81 背面凹印对印面额数字与凹印对印图案(2)

3. 白水印

该水印位于票面正面左侧。透光观察,可见面额数字"5",如图 1-82 所示。

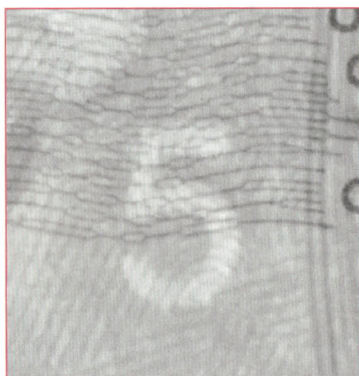

| 图 1-82 白水印 | 图 1-83 光彩光变面额数字 |

4. 光彩光变面额数字

该数字位于票面正面中部。改变钞票观察角度,面额数字"5"的颜色在金色和绿色之间变化,并可见一条亮光带上下滚动,如图 1-83 所示。

5. 雕刻凹印

2020 年版第五套 5 元面额人民币共有八处雕刻凹印,这八处分别是:票面正面毛泽东头像、国徽、中国人民银行行名、对印面额数字与图案、装饰团花、盲文面额标记及背面主景、对印面额数字与图案等均采用雕刻凹版印刷,触摸有凹凸感,分别如图 1-84 至图 1-92 所示。

| 图 1-84 雕刻凹印(1) | 图 1-85 雕刻凹印(2) | 图 1-86 雕刻凹印(3) |

二、2020 年版第五套人民币 5 元纸币的防伪技术和印制质量的改进和提升

与 2005 年版第五套人民币 5 元纸币相比,2020 年版第五套人民币 5 元纸币的防伪技术和印制质量在多个方面进行了提升。2020 年版第五套人民币 5 元纸币与 2019 年版第五套人民币 50 元、20 元、10 元、1 元纸币和 2015 年版 100 元纸币的防伪技术及其布局形成系列化。在 2005 年版第五套人民币 5 元纸币防伪技术基础上,增加光彩光

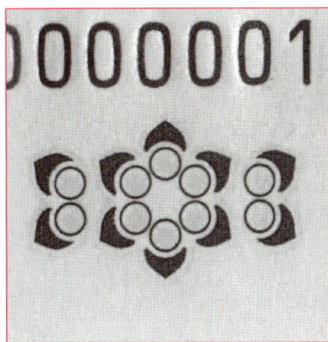

图 1 - 87　雕刻凹印（4）

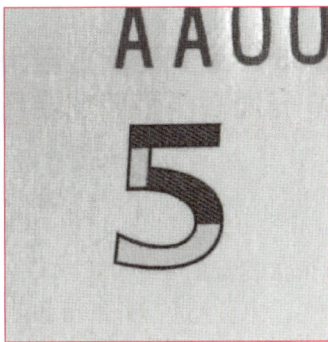

图 1 - 88　雕刻凹印（5）

图 1 - 89　雕刻凹印（6）

图 1 - 90　雕刻凹印（6）

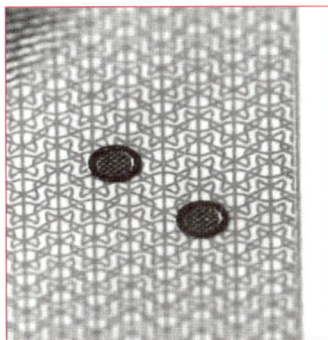

图 1 - 91　雕刻凹印（7）

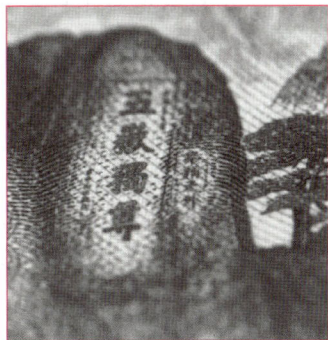

图 1 - 92　雕刻凹印（8）

变面额数字、凹印对印面额数字与凹印对印图案等防伪特征,取消全息磁性开窗安全线和凹印手感线,采用磁性全埋安全线。总体来看,应用的防伪技术更加先进,布局更加合理,整体防伪能力较现行 2005 年版第五套人民币 5 元纸币有明显提升。

（一）光彩光变面额数字

光彩光变技术是国际印钞领域公认的先进防伪技术,易于公众识别。2020 年版第五套人民币 5 元纸币正面中部印有光彩光变面额数字,改变钞票观察角度,面额数字"5"的颜色在金色和绿色之间变化,并可见一条亮光带上下滚动。

（二）凹印对印面额数字与凹印对印图案

凹印对印面额数字与凹印对印图案是通过双面凹印对印技术来实现的,透光观察可见正背面局部图案组成完整的对印面额数字与对印图案,触摸有凹凸感。该技术是我国独立自主研发的印钞专用技术,充分展示了人民币防伪技术的安全性和创新性,这也是该技术首次应用在流通人民币纸币上。

（三）其它措施

2020 年版第五套人民币 5 元纸币还采取了其它多种措施来提升防伪技术和印制质量。如,水印清晰度和层次效果明显提升;钞票纸强度显著提高,流通寿命更长;纸币两面采用抗脏污保护涂层,整洁度明显改善;延续 2015 年版 100 元纸币和 2019 年版 50元、20 元、10 元、1 元纸币冠字号码字形设计,有利于现金机具识别。

实训 1　2005 年版第五套人民币 100 元、50 元面额纸币防伪特征训练

一、单项选择题

1. 人民币是中国人民银行依法发行的货币,包括(　　)。
A. 主币和辅币
B. 纸币和硬币
C. 流通币和退出流通币
D. 变造币和伪造币

2. 2005 年版第五套人民币的公告发行时间是(　　)。
A. 2005 年 9 月 1 日
B. 2005 年 8 月 31 日
C. 2005 年 10 月 1 日
D. 2005 年 12 月 31 日

3. 《中华人民共和国中国人民银行法》明确规定,人民币由(　　)统一发行。
A. 中国人民银行
B. 国务院
C. 中华人民共和国
D. 财政部

4. 2005 年版第五套人民币共发行(　　)种面额纸币和(　　)种面额硬币。
A. 6、3
B. 5、3
C. 6、1
D. 5、1

5. 2005 年版第五套人民币 100 元面额纸币在设计上突出了(　　)。
A. 大人像、大国徽、大面额数字
B. 大人像、大水印、大盲文标记
C. 大人像、大水印、大面额数字
D. 大人像、白水印、大盲文标记

6. 2005 年版第五套人民币 100 元面额纸币正面主景是(　　),背面主景是(　　)。
A. 毛泽东头像、人民大会堂图案
B. 毛泽东头像、布达拉宫
C. 毛泽东头像、桂林山水
D. 毛泽东头像、三潭印月

7. 2005 年版第五套人民币 50 元面额纸币正面主景是(　　),背面主景是(　　)。
A. 毛泽东头像、人民大会堂图案
B. 毛泽东头像、布达拉宫
C. 毛泽东头像、桂林山水
D. 毛泽东头像、长城

8. 2005 年版第五套人民币 50 元面额纸币正面行名下方底纹中的胶印缩微文字是(　　)。
A. "50""RMB50"字样
B. "RMB""RMB50"字样
C. "50""RMB"字样
D. "RMB""￥100"字样

9. 2005 年版第五套人民币 100 元面额纸币的光变面额数字垂直观察的颜色变化是由(　　)。
A. 绿变金
B. 绿变蓝
C. 蓝变黄
D. 绿变黄

10. 2005 年版第五套人民币纸币在正面主景图案右侧增加了公众防伪特征的(　　)。
A. 白水印
B. 双色异形横号码
C. 凹印手感线
D. 胶印对印图案

11. 2005 年版第五套人民币纸币调整了对隐形面额数字公众防伪标志的(　　)。
A. 票面位置
B. 字体
C. 观察角度
D. 颜色

12. 2005年版第五套人民币纸币取消了纸张中的（　　　）。

　　A. 固定人像水印　　　　　　　　B. 光变油墨面额数字

　　C. 水蓝彩色纤维　　　　　　　　D. 双色异形横号码

13. 2005年版第五套人民币100元、50元面额纸币的冠字号码颜色是（　　　）。

　　A. 暗红色、黑色　　　　　　　　B. 红色、黑色

　　C. 红色、蓝色　　　　　　　　　D. 暗红色、蓝色

14. 2005年版第五套人民币100元、50元面额纸币安全线包含的防伪措施是（　　　）。

　　A. 全息图案、缩微文字、开窗和荧光　　B. 全息图案、磁性、开窗和荧光

　　C. 全息图案、缩微文字、开窗和磁性　　D. 全息图案、磁性、开窗和透光

15. 2005年版第五套人民币100元、50元面额纸币的冠字号码是（　　　）。

　　A. 双色横号码　　B. 双色异形号码　　C. 横竖双号码　　D. 横向单号码

二、多项选择题

1. 以下（　　　）防伪措施需要迎光透视观察。

　　A. 光变油墨　　　　　　B. 水印　　　　　　C. 隐形面额数字

　　D. 胶印对印图案　　　　E. 盲文点

2. 2005年版第五套人民币50元面额纸币正面的（　　　）是采用雕刻凹印版印刷的。

　　A. 头像　　　　　　　　B. 行名　　　　　　C. 国徽

　　D. 对印图案　　　　　　E. 含隐形面额数字的装饰图案

3. 2005年版第五套人民币采用固定人像水印的有（　　　）。

　　A. 100元　　　　　　　B. 50元　　　　　　C. 20元

　　D. 10元　　　　　　　 E. 5元

4. 2005年版第五套人民币100元面额纸币与1999年版100元面额纸币相比，增加了（　　　）防伪特征。

　　A. 白水印　　　　　　　B. 凹印手感线　　　C. 特种标记

　　D. 双色异形横号码　　　E. 光变油墨

5. 2005年版第五套人民币100元面额纸币的公众防伪特征包括（　　　）。

　　A. 固定人像水印　　　　B. 手工雕刻头像　　C. 胶印缩微文字

　　D. 雕刻凹版印刷　　　　E. 凹印手感线

6. 2005年版第五套人民币100元面额纸币调整的公众防伪特征有（　　　）。

　　A. 光变油墨面额数字　　B. 胶印对印图案位置　C. 隐形面额数字观察角度

　　D. 全息磁性开窗安全线　E. 双色异形横号码

7. 2005年版第五套人民币100元面额纸币增加的公众防伪特征包括（　　　）。

　　A. 白水印　　　　　　　B. 凹印手感线　　　C. 胶印对印图案

　　D. 手工雕刻头像　　　　E. 盲文标记

8. 2005年版第五套人民币100元面额纸币票面正面有（　　　）图案。

　　A. 毛泽东头像　　　　　B. 牡丹花　　　　　C. 胶印缩微文字

　　D. 凹印手感线　　　　　E. 白水印

9. 2005 年版第五套人民币(　　　　)面额纸币采用了胶印对印图案的防伪措施。

A. 100 元 　　　　　　　B. 50 元 　　　　　　　C. 20 元

D. 10 元 　　　　　　　E. 5 元

10. 2005 年版第五套人民币(　　　　)面额纸币采用了透光性很强的白水印防伪特征。

A. 100 元 　　　　　　　B. 50 元 　　　　　　　C. 20 元

D. 10 元 　　　　　　　E. 5 元

11. 2005 年版第五套人民币(　　　　)面额纸币采用了双色异形横号码。

A. 100 元 　　　　　　　B. 50 元 　　　　　　　C. 20 元

D. 10 元 　　　　　　　E. 5 元

12. 2005 年版第五套人民币(　　　　)面额纸币在冠字号码下方增加了白水印防伪特征。

A. 100 元 　　　　　　　B. 50 元 　　　　　　　C. 20 元

D. 10 元 　　　　　　　E. 5 元

13. 2005 年版第五套人民币(　　　　)面额纸币采用背开式全息磁性开窗安全线。

A. 100 元 　　　　　　　B. 50 元 　　　　　　　C. 20 元

D. 10 元 　　　　　　　E. 5 元

14. 2005 年版第五套人民币纸币采用光变油墨面额数字的有(　　　　)。

A. 100 元 　　　　　　　B. 50 元 　　　　　　　C. 20 元

D. 10 元 　　　　　　　E. 5 元

15. 2005 年版第五套人民币(　　　　)面额纸币采用胶印对印图案。

A. 100 元 　　　　　　　B. 50 元 　　　　　　　C. 20 元

D. 10 元 　　　　　　　E. 5 元

三、判断题

1. 当前流通的第五套人民币有 1999 年和 2005 年两种版别。　　　　　　　　(　　)

2. 2005 年版第五套人民币 50 元面额人民币背面主题为"西藏"。　　　　　　(　　)

3. 2005 年版第五套人民币 20 元面额纸币的水印是牡丹花。　　　　　　　　(　　)

4. 2005 年版第五套人民币 100 元、50 元和 10 元面额纸币上的"阴阳互补对印图案"是花卉。　　　　　　　　　　　　　　　　　　　　　　　　　　　　　(　　)

5. 2005 年版与 1999 年版的 50 元面额纸币在观察正面右上方装饰图案时,观察隐形面额数字的角度发生了变化。　　　　　　　　　　　　　　　　　　　(　　)

实训 2　2015 年版第五套人民币 100 元面额纸币防伪特征训练

一、单项选择题

1. 2015 年版第五套人民币 100 元面额纸币的发行日是 2015 年(　　　)。

A. 8 月 10 日　　　B. 9 月 3 日　　　C. 10 月 1 日　　　D. 11 月 12 日

2. 2015 年版第五套人民币 100 元面额纸币主要有（　　　）大防伪特征。

A. 9　　　　　　　B. 8　　　　　　　C. 7　　　　　　　D. 6

3. 2015 年版第五套人民币 100 元面额纸币采用的光彩光变数字,在垂直观察时,数字以（　　　）为主;平视观察时,数字以（　　　）为主。随着观察角度的改变,数字颜色交替变化,并可看到（　　　）上下滚动。

A. 金色;蓝色;一条亮光带　　　　　　B. 绿色;金色;一束反射光

C. 蓝色;绿色;一束反射光　　　　　　D. 金色;绿色;一条亮光带

4. 2015 年版第五套人民币 100 元面额纸币采用的光变镂空开窗安全线,位于票面正面（　　　）,当票面上下转动时,安全线的颜色在（　　　）至（　　　）间变化。

A. 左侧;品红色;绿色　　　　　　　　B. 右侧;黑色;黄色

C. 左侧;品红色;黄色　　　　　　　　D. 右侧;品红色;绿色

5. 2015 年版第五套人民币 100 元面额纸币的正面左下方和背面右下方,均有（　　　）的局部图案,透光观察,可组成完整的对印图案。

A. 面额数字"100"　　　　　　　　　B. 古钱币

C. 中国人民银行行徽　　　　　　　　D. 数字"2015"

6. 2015 年版第五套人民币 100 元面额纸币票面正面左侧空白处,透光观察,可见（　　　）头像。

A. 毛泽东　　　B. 习近平　　　C. 邓小平　　　D. 胡锦涛

7. 2015 年版第五套人民币 100 元面额纸币背面主景为（　　　）图案。

A. 天安门　　　B. 长城　　　C. 人民大会堂　　　D. 黄河

8. 2015 年版第五套人民币 100 元面额纸币发行的时间为（　　　）。

A. 12 月 01 日　　B. 11 月 12 日　　C. 1 月 12 日　　D. 12 月 12 日

9. 2015 年版第五套人民币 100 元面额纸币透光观察光变镂空开窗安全线,可见安全线中正反交替排列的镂空文字为（　　　）。

A. ￥100　　B. 人民币 100　　C. ￥人民币 100　　D. 100

10. 2015 年版第五套人民币 100 元面额纸币正面右侧和左下方均有（　　　）。

A. 白水印　　B. 国徽图案　　C. 胶印对印图案　　D. 横竖双号码

二、多项选择题

1. 2015 年版第五套人民币 100 元面额纸币较 2005 年版第五套人民币 100 元面额纸币主要增加了（　　　）防伪特征。

A. 光彩光变数字　　　B. 光变油墨面额数字　　　C. 光变镂空开窗安全线

D. 有色荧光竖号码　　　E. 盲文标记

2. 2015 年版第五套人民币 100 元面额纸币中,采用了雕刻凹印技术印刷的部分有（　　　）。

A. 中华人民共和国国徽　　B. 中国人民银行行名　　　C. 人像水印

D. 有色荧光竖号码　　　E. 大面额数字

3. 2015 年版第五套人民币 100 元面额纸币包含水印的位置有（　　　）。

A. 票面正面左侧空白处　　B. 票面正面右侧空白处　　C. 票面正面左下方

D. 票面背面右下方　　E. 票面背面左下方

4. 2015 年版第五套人民币 100 元面额纸币中,随着观察角度变换而产生颜色变化的防伪特征有(　　　　　)。

A. 光变油墨面额数字　　B. 光彩光变数字　　C. 光变镂空开窗安全线

D. 横竖双色号码　　E. 人像水印

5. 2015 年版第五套人民币 100 元面额纸币中主要采用透光观察方式鉴别的防伪特征有(　　　　)。

A. 人像水印　　B. 胶印对印图案　　C. 白水印

D. 古钱币对印图案　　E. 光变镂空开窗安全线

6. 2015 年版第五套人民币 100 元面额纸币包含面额信息的防伪特征有(　　　　)。

A. 光变镂空开窗安全线　　B. 雕刻凹印　　C. 白水印

D. 胶印对印图案　　E. 人像水印

7. 2015 年版第五套人民币 100 元面额纸币在保持规格、正背面主图案、主色调等不变的情况下,对正面图案作出的调整包括(　　　　)。

A. 取消了票面右侧的凹印手感线

B. 取消了隐形面额数字

C. 取消了左下角的光变油墨面额数字

D. 增加了全息磁性开窗安全线

E. 取消了票面右侧盲文点

8. 2015 年版第五套人民币 100 元面额纸币在保持规格、正背面主图案、主色调等不变的情况下,对背面图案作出的调整包括(　　　　)。

A. 取消了全息磁性开窗安全线

B. 取消了右下角的防复印标记胶印对印图案

C. 由古钱币图案改为面额数字"100"

D. 年号调整为"2015 年"

E. 增加全息磁性开窗安全线

9. 2015 年版第五套人民币 100 元面额纸币在 2005 年版第五套人民币 100 元面额纸币基础上增加的防伪特征包括(　　　　)。

A. 防伪性能较高的光彩光变数字

B. 光变镂空开窗安全线

C. 磁性全埋安全线

D. 人像水印

E. 隐形面额数字

10. 2015 年版第五套人民币 100 元面额纸币,在保持规格、主图案、主色调等与 2005 年版第五套人民币 100 元面额纸币不变的前提下,调整方面包括(　　　　)。

A. 票面图案　　B. 防伪特征　　C. 布局

D. 大小　　E. 票面颜色

三、判断题

1. 2015 年版第五套人民币 100 元面额纸币采用了光变镂空开窗安全线和全埋安全线两种安全线，全部带有磁性。　　　　　　　　　　　　　　　　（　　）

2. 2015 年版第五套人民币 100 元面额纸币采用的有色荧光竖号码在特定波长紫外光照射下可见绿色荧光效果。　　　　　　　　　　　　　　　　（　　）

3. 2015 年版第五套人民币 100 元面额纸币的双色横号码位于票面正面左下方，前四位为红色，后六位为黑色，使用特定仪器检测具有磁性。　　　　　　（　　）

4. 2015 年版第五套人民币 100 元面额纸币增强了红外配对图案的显示效果，增加了右侧凹印图案。使用红外光照射票面，即可直接看到红外图像。　　　（　　）

5. 2015 年版第五套人民币 100 元面额纸币采用了光变镂空开窗安全线和全埋安全线两种安全线，两种安全线透光观察时都可看到镂空文字。　　　　（　　）

6. 2015 年版第五套人民币 100 元面额纸币正面左下角的雕刻凹印图案具有红外吸收特征。　　　　　　　　　　　　　　　　　　　　　　　　　　（　　）

7. 垂直观察光彩光变数字时，数字以金色为主，倾斜观察时，数字以绿色为主。
　　　　　　　　　　　　　　　　　　　　　　　　　　　　　　　（　　）

8. 2015 年版第五套人民币 100 元面额纸币的横竖双号码均使用了两种不同颜色的油墨。　　　　　　　　　　　　　　　　　　　　　　　　　　　　　（　　）

9. 2015 年版第五套人民币 100 元面额纸币采用的胶印对印图案在透光观察时可看到透光性很强的水印面额数字"100"。　　　　　　　　　　　　　　（　　）

10. 2015 年版第五套人民币 100 元面额纸币采用雕刻凹印技术的图案有国徽和"中国"字样。　　　　　　　　　　　　　　　　　　　　　　　　　　（　　）

实训 3　2019 年版第五套人民币 50 元、20 元、10 元、1 元面额纸币防伪特征训练

一、单项选择题

1. 中国人民银行于（　　）起发行 2019 年版第五套人民币 50 元、20 元、10 元、1 元面额纸币和 1 元、5 角、1 角硬币。

A. 2019 年 7 月 31 日　　　　　　　　　B. 2019 年 8 月 30 日

C. 2019 年 8 月 31 日　　　　　　　　　D. 2019 年 9 月 01 日

2. 2019 年版第五套人民币 50 元面额光彩光变面额数字改变钞票观察角度，面额数字"50"的颜色在（　　）色和（　　）色之间变化，并可见一条亮光带上下滚动。

A. 绿　蓝　　　　B. 绿　金　　　　C. 蓝　绿　　　　D. 金　绿

3. 2019 年版第五套人民币 10 元面额纸币光变镂空开窗安全线改变观察角度颜色在（　　）色和（　　）色之间变化，透光可见（　　）。

A. 红　绿　10　　　　　　　　　　B. 红　绿　￥10

C. 红　蓝　10　　　　　　　　　　D. 红　蓝　￥10

4.2019 年版第五套人民币 1 元面额纸币(　　)位于票面正面左侧下方,透光观察,可见面额数字"1"。

A. 白水印　　　　B. 花卉水印　　　　C. 人像水印　　　　D. 胶印对印图案

5. 在特定波长紫外光下,2019 年版第五套人民币 20 元面额纸币背面部分胶印图案呈现(　　)荧光效果。

A. 黄色　　　　B. 蓝色　　　　C. 绿色　　　　D. 橙色

二、多项选择题

1.2019 年版第五套人民币包括(　　　　)面额。

A. 100 元纸币　　B. 50 元纸币　　C. 20 元纸币　　D. 10 元纸币

E. 5 元纸币　　F. 1 元纸币　　G. 1 元硬币　　H. 5 角硬币

I. 1 角硬币

2.2019 年版第五套人民币 50 元、20 元、10 元、1 元面额纸币分别保持 2005 年版第五套人民币 50 元、20 元、10 元面额纸币和 1999 年版第五套人民币 1 元面额纸币(　　　　)等要素不变。

A. 规格　　　　B. 主图案　　　　C. 主色调　　　　D. 中国人民银行行名

E. 国徽　　　　F. 盲文面额标记　　G. 汉语拼音行名　　H. 民族文字

3.2019 年版第五套人民币纸币主要变化是(　　　　)。

A. 提高了票面色彩鲜亮度　　　　B. 优化了票面结构层次与效果

C. 提升了整体防伪性能　　　　D. 改善了钞票流通耐性

4.2019 年版第五套人民币 20 元、10 元和 1 元面额纸币花卉水印效果明显提升,这三种花卉分别是(　　　　)。

A. 月季花　　　　B. 菊花　　　　C. 荷花　　　　D. 兰花

5.2019 年版第五套人民币 50 元、20 元、10 元面额纸币的主要公众防伪特征包括(　　　　)。

A. 光彩光变面额数字　　　　B. 多层次水印

C. 无色荧光图案　　　　D. 面额数字白水印

E. 雕刻凹印　　　　F. 胶印对印图案

G. 开窗安全线　　　　H. 红外图案

三、判断题

1.2019 年版第五套人民币 50 元、20 元、10 元面额纸币的纵向尺寸相同。　(　　)

2. 改变钞票观察角度时,2019 年版第五套人民币 20 元、10 元面额纸币光彩光变面额数字的颜色在金色和绿色之间变化。　(　　)

3.2019 年版第五套人民币 50 元、20 元、10 元面额纸币印制工艺与 2015 年版 100 元面额纸币相同。　(　　)

4.2019 年版第五套人民币 50 元、20 元、10 元面额纸币的竖号码都一样。　(　　)

5. 现金机具通过升级后就可以识别 2019 年版第五套人民币。　(　　)

实训 4　2020 年版第五套人民币 5 元面额纸币防伪特征训练

一、单项选择题

1. 2020 年版第五套人民币 5 元面额纸币于(　　)起发行。

A. 2020 年 10 月 1 日 　　　　　　B. 2020 年 11 月 5 日

C. 2020 年 11 月 15 日 　　　　　　D. 2020 年 12 月 5 日

2. 2020 年版第五套人民币 5 元面额纸币,正面中部印有光彩光变面额数字,改变钞票观察角度,面额数字的颜色在(　　)之间变化,并可见一条亮光带上下滚动。

A. 蓝色和绿色 　　B. 金色和绿色 　　C. 品红和蓝色 　　D. 紫色和棕色

3. 2020 年版第五套人民币 5 元面额纸币,安全线采用的是(　　)。

A. 磁性开窗安全线 　　　　　　B. 磁性全埋安全线

C. 全埋式安全线 　　　　　　　D. 开窗式安全线

4. 2020 年版第五套人民币 5 元面额纸币以下正确的是(　　)。

A. 中部取消埋入式安全线和左侧凹印手感线

B. 中部取消埋入式安全线和右侧凹印手感线

C. 中部取消全息磁性开窗安全线和左侧凹印手感线

D. 中部取消全息磁性开窗安全线和右侧凹印手感线

5. 2020 年版第五套人民币 5 元面额纸币,以下正确的是(　　)。

A. 背面左上角和右下角局部图案调整为凹印对印面额数字与凹印对印图案。

B. 背面右上角和左下角局部图案调整为凹印对印面额数字与凹印对印图案。

C. 正面左上角和右下角局部图案调整为凹印对印面额数字与凹印对印图案。

D. 正面左上角和左下角局部图案调整为凹印对印面额数字与凹印对印图案。

二、多项选择题

1. 2020 年版第五套人民币 5 元面额纸币保持 2005 年版第五套人民币 5 元面额纸币(　　　　)等要素不变,优化了票面结构层次与效果,提升了整体防伪性能。

A. 规格 　　　　B. 主图案 　　　　C. 主色调 　　　　D. 中国人民银行行名

E. 国徽 　　　　F. 盲文面额标记 　　　G. 汉语拼音行名 　　H. 民族文字

2. 2020 年版第五套人民币 5 元面额纸币背面调整了(　　　　)。

A. 左上角和右下角局部图案调整为凹印对印面额数字与凹印对印图案

B. 主景、面额数字的样式

C. 票面年号改为"2020 年"

D. 主色调调整为绿色

3. 2020 年版第五套人民币 5 元面额纸币还采取了(　　　　)措施来提升防伪技术和印制质量。

A. 水印清晰度和层次效果明显提升

B. 钞票纸强度显著提高,流通寿命更长

C. 纸币两面采用抗脏污保护涂层,整洁度明显改善

D. 正背面全部采用平版胶印技术,防伪效果明显提升

4. 2020 年版第五套人民币 5 元面额纸币票面特征有(　　　　)。

A. 增加光彩光变面额数字

B. 凹印对印面额数字与凹印对印图案等防伪特征

C. 保留了全息磁性开窗安全线

D. 保留了凹印手感线

5. 2020 年版第五套人民币 5 元面额纸币正面调整了(　　　　)。

A. 中部面额数字调整为光彩光变面额数字“5”

B. 右下角和左上角局部图案调整为凹印对印面额数字与凹印对印图案

C. 左下角和右上角局部图案调整为凹印对印面额数字与凹印对印图案

D. 调整右侧毛泽东头像的样式

三、判断题

1. 2020 年版第五套人民币 5 元面额纸币与 2019 年版第五套人民币 5 元面额纸币相比,增加光彩光变面额数字、凹印对印面额数字与凹印对印图案等防伪特征。(　　　)

2. 2020 年版第五套人民币 5 元面额纸币保留了中部全息磁性开窗安全线和右侧凹印手感线。(　　　)

3. 凹印对印技术是我国从国外引进的印钞专用技术,这也是该技术首次应用在流通人民币纸币上。(　　　)

4. 2020 年版第五套人民币 5 元面额纸币光彩光变面额数字“5”的颜色在绿色和蓝色之间变化。(　　　)

5. 2020 年版第五套人民币 5 元面额纸币两面采用抗脏污保护涂层,整洁度明显改善。(　　　)

项目三　真假人民币的鉴别方法

为及时发现变造和伪造的人民币,出纳人员必须熟悉人民币的版面外形、纸张、颜色和印刷特点,了解假币的特征,以便比较和鉴别。识别人民币纸币真伪,通常采用“一看、二摸、三听、四比、五测”的方法。

小案例

“调包计”

一个周末的晚上,在商业区一家比较大的店面,一个女孩看中了一个漂亮的小玩意

儿，在一旁陪同她的男孩毫不犹豫地决定买下。到了收银台，男孩翻开钱包发现没有零钱，问女孩有没有，女孩打开钱包说没有，于是女孩拿出一张100元的真钞，交给收银员。收银员打算收进时，女孩突然说有零钱了。于是收银员退还100元，接过女孩递来的零钱。但数零钱时却发现不够，于是女孩又拿出100元，收银员重新收进。收到找零后，这对男女迅速消失了。收银员交班时才发现误收了假币100元，结果只好自己认赔。

请从以上案例分析收银员为什么会赔钱，分析应如何应对，避免中计。

任务一 鉴别伪钞

当我们掌握了人民币的主要防伪特征及假币的主要特征后，为什么仍然还会收到假钞呢？这是因为我们还缺乏防伪意识，没有学会鉴别真假人民币的一般方法。以下分别介绍识别真假人民币的一般方法。

一、眼看

眼看是指在现金收付、整点中，注意看票面的颜色、轮廓、花纹、线条、图案等。真人民币花纹线条均匀，图案清晰，层次分明，水印明显，如图1-93所示。而假币线条凌乱，粗细不一，层次平淡，水印粗糙模糊。

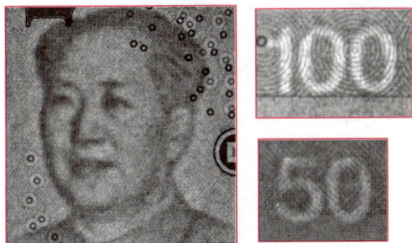

100元和50元人像水印和币值水印　　20元花卉水印和币值水印

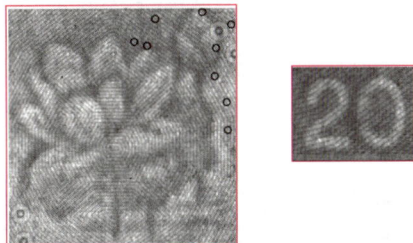

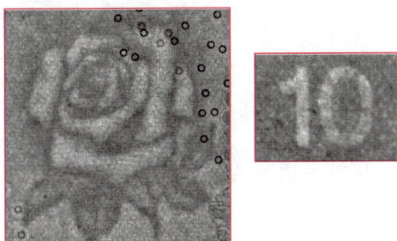

10元花卉水印和币值水印　　5元花卉水印和币值水印

图1-93　100元、50元、20元、10元、5元面额纸币水印图

（一）看水印

第五套人民币纸币的固定水印位于各面额纸币票面正面左侧的空白处，迎光透视，立体感很强。100 元、50 元面额纸币的固定水印为毛泽东头像图案；20 元、10 元、5 元面额纸币的固定水印为花卉图案。

（二）看安全线

第五套人民币纸币在各面额票面正面中间偏左，均有一条安全线。100 元、50 元面额纸币的安全线，迎光透视，分别可以看到缩微文字"RMB100""RMB50"，仪器检测均有磁性；20 元面额纸币，迎光透视，是一条明暗相间的安全线；10 元、5 元面额纸币安全线为全息磁性开窗式安全线，即安全线局部埋入纸张中，局部裸露在纸面上，开窗部分分别可以看到由微缩字符"￥10""￥5"组成的全息图案，仪器检测有磁性，分别如图 1－94 和图 1－95 所示。

图 1－94　1999 年版第五套人民币 100 元、50 元、20 元面额纸币安全线

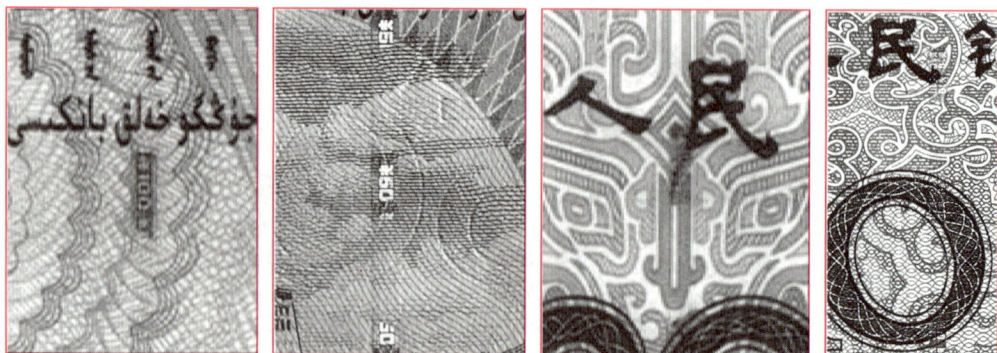

图 1－95　2005 年版第五套人民币 100 元、50 元、20 元、10 元面额纸币安全线

（三）看光变油墨

2005 年版第五套人民币 100 元面额和 50 元面额正面左下方的数字采用了光变油墨印刷。将垂直观察的票面倾斜到一定角度时，100 元面额的数字会由绿色变为蓝色；50 元面额的数字则会由金色变为绿色，如图 1－96 所示。

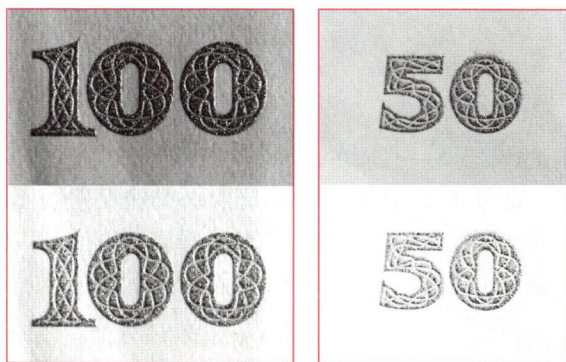

图 1-96　100 元、50 元面额纸币光变油墨图

(四) 看图案

看图案指看票面图案是否清晰,色彩是否鲜艳,对接图案是否可以对接上。第五套人民币的阴阳补对印图案应用于 100 元、50 元和 10 元面额中。这三种面额的纸币正面左下方和背面右下方都印有一个圆形局部图案。迎光透视,两幅图案准确对接,组合成一个完整的古钱币图案。2015 年版第五套人民币 100 元面额的图案改为数字"100"。

(五) 看微缩文字

第五套人民币各面额纸币正面胶印图案中,多处均印有缩微文字,20 元面额纸币背面也有该防伪措施。100 元面额缩微文字为"RMB"和"RMB100";50 元面额为"50"和"RMB50";20 元面额为"RMB20";10 元面额为"RMB10";5 元面额为"RMB5"和"5"。

可以用五倍以上的放大镜观察票面,看图案线条、缩微文字是否清晰干净。

二、手摸

手摸是指对有疑问的票币通过触摸鉴别真假的方法。用手摸纸币的光滑程度,以及纸质粗细、厚薄、柔韧性;摸水印图景、花边、图徽凸版、凹版和平板的特点。真票有立体感,而假币则无此感觉。

摸人物头像、盲文点、中国人民银行行名等处是否有凹凸感。第五套人民币纸币各面额正面主景均为毛泽东头像,采用手工雕刻凹版印刷工艺,形象逼真、传神,凹凸感强,易于识别。

摸纸币是否薄厚适中,挺括度好。

三、耳听

耳听即通过抖动钞票使其发出声响,根据声音来分辨真伪。真人民币的纸张,具有挺括、耐折、不易撕裂的特点。手持钞票用力抖动、手指轻弹或两手一弛轻轻对称拉动,能听到清脆响亮的声音。

四、比较

比较是指通过以上几种方法鉴别后,再用票样与可疑票币局部图案、花纹对比,从纸质、墨色、印刷技术等方面进行对比。还可以用尺量,假币的长度和宽度通常小于真币。

五、检测

检测即借助专用的仪器及一些简单的工具来辨别人民币真伪。如借助放大镜可以观察票面线条清晰度、胶印、凹印缩微文字等;用紫外灯光照射票面,可以观察钞票纸张和油墨的荧光反应;用磁性检测仪可以检测黑色横号码的磁性。

通过以上学习,我们可以将第五套人民币假币的识别方法归纳如下,如表 1-4 所示。

表 1-4　第五套人民币假币的识别方法

识别途径	方　法　特　点
纸张识别	人民币纸张采用专用钞纸,主要成分为棉短绒和高质量米浆,具有耐磨、有韧度、挺括、不易折断、抖动时声音脆响等特点。而假币纸张绵软、韧性差、易断裂、抖动时声音发闷
水印识别	人民币水印是在造纸中采用特殊工艺使纸纤维堆积而成的暗记,分为满版水印和固定水印两种。如现行人民币 1、2、5 元面额纸币为满版水印暗记;人民币 10、50、100 元面额纸币为固定人头像水印暗记。其特点是层次分明、立体感强,透光观察清晰。而假币特点是水印模糊、无立体感、变形较大,用浅色油墨加印在纸张正面和背面,不需要迎光透视就能看到
凹印技术识别	真币的技术特点是图像层次清晰,色泽鲜艳、浓郁,立体感强,触摸有凹凸感,如人民币 1、2、5、10 元面额纸币在人物、字体、国徽、盲文点处都采用了这一技术。而假币图案平淡,手感光滑,花纹图案较模糊,并由网点组成
荧光识别	1999 年版人民币 50、100 元面额纸币分别在正面主图景两侧印有在紫外光下显示纸币面额阿拉伯数字"100"或"50"和汉语拼音"YIBAI"或"WUSHI"的金黄色荧光反应,但整版纸张无任何反应。而假币一般没有荧光暗记,个别的虽有荧光暗记,但与真币相比,颜色有较大的差异,并且纸张会有明亮的蓝白荧光反应
安全线识别	真币的安全线是立体实物与钞纸融为一体,正面摸上去有凹陷的手感。假币一般是印上或画上的颜色,再加入立体实物,会出现与票面褶皱分离的现象。此外,还可借助仪器进行检测,可用紫外线、放大镜、磁性等简便仪器对可疑票券进行多种检测

🔍【小贴士】

根据多年经验,比较粗糙的假人民币,最容易辨别的且与真人民币不同的地方就是其正面左下角红色的一半钱币,在光照下与背面的另一半蓝色钱币对不上。而有的假人民币能对得上但是纸的质感很光滑,与真人民币颜色相比发白。

任务二 处理发现的假币或疑似假币、残破和污损人民币

一、发现假币或疑似假币的处理

假币的处理是一项技术性、群众性和政策性很强的工作,日常工作和生活中,在收付现金时如发现假币或疑似假币,应立即送交附近银行鉴别,由银行开具凭证,予以没收处理,如有追查线索的应就近及时报告公安部门,协助侦破。

(一)出纳人员发现假币或疑似假币的处理

出纳人员如发现可疑币不能断定真假时,不得随意加盖假币戳记和没收,应向持币人说明情况,开具临时收据,连同可疑币及时报送当地中国人民银行鉴定。经中国人民银行鉴定确属假币时,应按发现假币后的办法处理;如确定不是假币时,应及时将钞票退还持币人。

(二)其他单位和个人发现假币或疑似假币的处理

其他单位和个人若发现假币或疑似假币,应按上述办法处理或按当地反假币法规所规定的办法处理。

(三)银行发现假币的处理

银行在日常收款、兑换中发现假币,应按如下规定进行处理:

(1)记录持假币人的姓名、住址、身份证号、工作单位。

(2)问清假币的来源,追根溯源,一追到底。

(3)经了解、询问,持币人确系误收、误用假币的,由发现银行没收,并向持币人开具"没收假币收据"。

(4)发现银行没收假币后,由经办人员填写"发现假币报告单"和"假币登记簿",在此票面加盖"假币"字样的戳记,入库妥善保管。

(5)发现银行应同时向上级银行和同级保卫部门报告发现和处理假币的经过与结果。由保卫部门向公安部门报案。

假币没收权属于银行、公安和司法部门。

二、发现残破和污损人民币的处理

单位和个人在经济活动或日常生活中找零钱需要兑换人民币时,银行应满足其需求,给予无偿兑换。客户手中的残缺、破旧的人民币不能流通时,银行可以根据规定进行全额或部分兑换;同时,银行需要按规定的人民币新旧程度进行挑剔工作,最终将挑剔出来的损、伤、残、破、旧人民币上缴当地人民银行。

(一)主辅币的兑换

凡来银行兑换主辅币的客户,应按现金整点要求将现金整理好,并填写"现金兑换

单"，填清券别、张数、金额以及需兑换的券别、张数、金额，到银行指定窗口，将现金兑换单与应兑换的现金一同交给经办员，银行兑换专柜经办员核对无误后按照兑换单填写的券别配款。兑换单位经办员接到已兑换好的款项时，应在柜台前当面点清，核对无误后方可离开。

(二) 残缺票币的兑换

人民币在市场上流通周转可能会有不同程度的损伤，有的破裂、有的缺角、有的被污染，有的因被油浸变色、虫蛀、鼠咬、霉烂、火烧等原因形成残缺票币。为了便于单位出纳员掌握残缺票币兑换标准，依据《中国人民银行残缺污损人民币兑换办法》的规定，凡残缺人民币属于下列情况之一者，一般可参照下列标准兑换。

1. 全额兑换标准

(1) 票面残缺不超过 1/5，其余部分的图案、文字能照原样连接者。

(2) 票面污损、熏焦、水湿、油浸、变色，但能辨别真假，票面完整或残缺不超过 1/5，票面其余部分图案、文字能照样连接者。

2. 半额兑换标准

票面残缺 1/5 以上至 1/2 的，其余部分的图案、文字能照样连接者。应持币按照原面额的半数向银行兑换，但残币不得在市场上流通使用。

3. 不兑换的情况

残破、污损人民币属于下列情况之一者不予兑换：

(1) 票面残缺 1/2 以上者。

(2) 票面污损、熏焦、水湿、油浸、变色，不能辨别真假者。

(3) 故意挖补涂改、剪贴、拼凑、揭去一面者。

4. 特殊损币兑换

因特殊原因造成人民币严重损伤，必须到当地专业银行办理兑换手续。

(三) 挑剔

伴随我国经济的快速发展，商品流通量与日俱增，市场上流通的货币量也随之增加，折损货币、毁坏货币以及混放货币的现象时有发生。中国人民银行要求，必须对货币进行整理清点，在整理清点的同时进行挑剔和真伪鉴别，使之数目清楚、整齐美观，以保证货币的正常使用。

1. 损伤券挑剔原则

市场上流通的人民币，有一部分因长期流通磨损破旧的损伤券，在整点票币时应随时挑剔。在挑剔损伤票币时，既要考虑群众使用方便和市场票币的整洁，又要贯彻节约的原则。

2. 损伤票币挑剔标准

在挑剔残、损、伤票币时，可以参照以下具体标准进行：

(1) 票面缺少一块，并已损及行名、花边、字头、号码、国徽之一者。

(2) 裂口超过纸幅的 1/3 或票面裂口已损及花边图案者。

(3) 纸质较旧，四周或中间有裂缝或票面断开又粘补者。

(4) 票面由于油浸、墨渍造成脏污面积较大或涂写字迹较多，妨碍票面整洁者。

(5) 票面变色严重,影响图案清晰者。

(6) 隐蔽破缺、穿孔、变形或磨损,氧化腐蚀损坏部分花纹者。

实训 5　2005 年版第五套人民币小面额币种防伪特征训练

一、单项选择题

1. 2005 年版第五套人民币 20 元面额纸币背面的主景图案是(　　　)。

A. 长江三峡　　　B. 布达拉宫　　　C. 桂林山水　　　D. 三潭印月

2. 为了完善币制,满足市场货币流通的需要,第五套人民币在第四套人民币的基础上,新增加了(　　)面额钞票。

A. 20 元　　　B. 50 元　　　C. 100 元　　　D. 10 元

3. 2005 年版第五套人民币 10 元面额纸币的正面主景是(　　)图案,背面主景是(　　)图案。

A. 毛泽东头像、布达拉宫　　　　　B. 毛泽东头像、人民大会堂

C. 毛泽东头像、长江三峡　　　　　D. 毛泽东头像、三潭印月

4. 2005 年版第五套人民币 5 元面额纸币的正面主景是(　　)图案,背面是(　　)图案。

A. 毛泽东头像、人民大会堂　　　　B. 毛泽东头像、布达拉宫

C. 毛泽东头像、泰山　　　　　　　D. 毛泽东头像、长城

5. 2005 年版第五套人民币 1 元面额纸币背面的主景图案是(　　　)。

A. 泰山　　　B. 西湖　　　C. 桂林山水　　　D. 长城

6. 2005 年版第五套人民币 1 元、5 角、1 角硬币背面的主景图案分别是(　　　)。

A. 菊花、梅花、牡丹花　　　　　　B. 牡丹花、荷花、兰花

C. 菊花、荷花、兰花　　　　　　　D. 梅花、荷花、水仙

7. 2005 年版第五套人民币 5 角硬币材质是(　　　)。

A. 钢芯镀镍　　B. 黄铜合金　　C. 钢芯镀铜合金　　D. 铜锌合金

8. 2005 年版第五套人民币 10 元面额纸币的安全线包括的防伪措施是(　　　)。

A. 全息、磁性、开窗　　　　　　　B. 磁性、荧光、开窗

C. 全息、荧光、开窗　　　　　　　D. 红外、全息、开窗

9. 2005 年版第五套人民币 5 元面额纸币的白水印图案是(　　　)。

A. "5"　　　B. 水仙花　　　C. "RMB5"　　　D. "¥5"

10. 2005 年版第五套人民币 5 元面额纸币的固定花卉水印是(　　)图案。

A. 兰花　　　B. 荷花　　　C. 水仙花　　　D. 海棠

二、多项选择题

1. 2005 年版第五套人民币各面额中,采用固定花卉水印的有(　　　)。

A. 100 元　　　B. 50 元　　　C. 20 元

D. 10 元　　　E. 5 元

2. 2005 年版第五套人民币 20 元面额纸币与 1999 年版 20 元面额纸币相比,增加了(   )防伪特征。

　　A. 白水印　　　　　　B. 凹印手感线　　　　C. 胶印对印图案

　　D. 双色异形横号码　　E. 雕刻凹版印刷

3. 2005 年版第五套人民币 20 元面额纸币与 1999 年版 20 元面额纸币相比,调整的公众防伪特征有(   )。

　　A. 雕刻凹版印刷　　　B. 双色异形横号码　　C. 全息磁性开窗安全线

　　D. 隐形面额数字　　　E. 胶印对印图案

4. 2005 年版第五套人民币 10 元面额纸币与 1999 年版 10 元面额纸币相比,保留了(   )的公众防伪特征。

　　A. 固定花卉水印　　　B. 白水印　　　　　　C. 全息磁性开窗安全线

　　D. 手工雕刻头像　　　E. 胶印缩微文字

5. 2005 年版第五套人民币 20 元面额纸币保留的公众防伪特征有(   )。

　　A. 固定花卉水印　　　B. 手工雕刻头像　　　C. 胶印缩微文字

　　D. 雕刻凹版印刷　　　E. 双色横号码

6. 2005 年版第五套人民币 20 元面额纸币调整的公众防伪标志有(   )。

　　A. 雕刻凹版印刷　　　B. 对印图案位置　　　C. 观察度

　　D. 全息磁性开窗安全线　E. 双色异形横号码

7. 2005 年版第五套人民币 20 元面额纸币增加的公众防伪特征有(   )。

　　A. 白水印　　　　　　B. 凹印手感线　　　　C. 胶印对印图案

　　D. 双色异形横号码　　E. 盲文点

8. 2005 年版第五套人民币 10 元面额纸币调整和增加的防伪特征有(   )。

　　A. 隐形面额数字　　　B. 凹印手感线　　　　C. 胶印对印图案

　　D. 特种标记　　　　　E. 盲文点

9. 2005 年版第五套人民币(   )面额纸币采用双色横号码。

　　A. 100 元　　　　　　B. 50 元　　　　　　C. 20 元

　　D. 10 元　　　　　　E. 5 元

10. 2005 年版第五套人民币(   )面额纸币采用正式全息磁性开窗安全线。

　　A. 100 元　　　　　　B. 50 元　　　　　　C. 20 元

　　D. 10 元　　　　　　E. 5 元

三、判断题

1. 2005 年版第五套人民币 10 元面额纸币票面主色调为蓝黑色。　　　　　　(　　)

2. 2005 年版第五套人民币 10 元面额纸币背面主景为"泰山"图案。　　　　　(　　)

3. 2005 年版第五套人民币 10 元面额纸币正面左侧空白处,迎光透视,可以看到立体感很强的月季花水印。　　　　　　　　　　　　　　　　　　　　　(　　)

4. 2005 年版第五套人民币 10 元面额纸币将 1999 年版人民币 10 元面额纸币阴阳互补图案位置进行了调整。　　　　　　　　　　　　　　　　　　　　(　　)

5. 2005 年版第五套人民币 5 元面额纸币背面主景为"长江三峡"图案。　　　(　　)

6. 2005 年版第五套人民币 1 元面额纸币的背面主景图案为杭州西湖。（　　）

7. 2005 年版第五套人民币 5 元面额纸币位于左侧空白处，迎光透视，可以看到立体感很强的荷花水印。（　　）

8. 2005 年版第五套人民币 1 元面额纸币票面色为浅绿色。（　　）

9. 2005 年版第五套人民币 1 元面额纸币位于左侧空白处，迎光透视，可以看到立体感较强的牡丹花。（　　）

10. 固定水印均为于各票面正面右侧空白处，迎光透视，可以看到立体感很强的水印。（　　）

11. 2005 年版第五套人民币纸币正面主景毛泽东头像，均采用手工雕刻凹版印刷工艺，形象逼真、传神，凹凸感强。（　　）

12. 2005 年版第五套人民币的 5 元面额纸币正面左侧空白处，迎光透视，可以看到立体感很强的兰花水印。（　　）

13. 2005 年版第五套人民币 20 元面额纸币的左下角有古钱币圆形的图案。（　　）

14. 2005 年版第五套人民币 20 元面额纸币的水印是莲花。（　　）

15. 2005 年版第五套人民币 20 元面额纸币的背面主景为长江三峡。（　　）

模块二
会计书写

2

知识目标

1. 了解财经工作中阿拉伯数字的书写规定。
2. 掌握财经工作中阿拉伯数字的读写规范。
3. 了解财经工作中汉字大写数字的书写规范。
4. 掌握财经工作中错数的订正方法。

能力目标

1. 能熟练进行中文大写数字和阿拉伯小写数字的正确书写及转换。
2. 能正确进行会计凭证的填制、会计账簿的登记及财务报告的编制等具体工作。
3. 能及时发现会计书写中出现的错误并进行订正。

素养目标

1. 牢记以标准、规范的书写规则来进行会计书写。
2. 培养严谨、细致的财经工作职业习惯。
3. 增强财经工作中的责任感和使命感。

小案例

案例一

圣美公司采购员刘某携带一张5万元支票到A市采购生产用原料。该支票由圣美公司李某填写,由财务主管加盖财务章及印鉴,收款人则授权刘某填写。以上记载均有支票存根记录为证。

刘某到A市后从甲企业购买了5万元的原料,该企业负责人董某串通刘某将支票上的结算金额改成15万元,从外观上看不出涂改的痕迹。其后董某将支票背书转让给某化工厂。

此事败露后,圣美公司诉化工厂和董某,要求返还多占用的10万元票款。

案例二

杜先生常年给北京某饭店供应鸡鸭。2023年3月21日,饭店交付给杜先生北京农村商业银行转账支票一张。此支票在交付时只记载了小写金额1 121元,收款人以及大写金额均未记载。3月23日,杜先生在未补记收款人以及大写金额的情况下,将支票交给他人。后来,此支票几经转手,在填写了大写金额"柒仟柒佰贰拾壹元"且小写金额被改为7 721元后,于2023年3月27日由刘先生持有。刘先生将支票交于河北三河某信用社,信用社自饭店账户上划款7 721元至刘先生的账户。饭店发现后将信用社及杜先生告上北京丰台区人民法院,要求他们承担连带责任,返还不当得利款6 600元及利息214.80元。

在庭审过程中,饭店认为,现有证据不能证明杜先生没有改动支票所填写的金额,信用社在持票人未提供相关材料的情况下办理业务,故双方应承担连带责任,请求判令杜先生和信用社连带返还不当得利款 6 600 元以及利息 214.80 元。

而杜先生辩称,自己收到饭店交付的支票后,将其交给了他人用以结算豆腐款,自己并未篡改金额,不同意饭店的请求。

信用社则辩称,其作为收款人是基于金融机构的业务结算行为。刘先生将转账支票交于该社,结算后已如数存入刘先生开立的账户,信用社不存在不当得利的问题。刘先生提交的支票大小金额齐全,信用社应当为其办理,不存在过错。不同意原告的诉讼请求。

法院审理后认为,当事人对自己的主张,有责任提供证据。从查明的事实来看,杜先生并未变造小写金额,信用社系正常办理结算业务,亦无过错。故饭店诉请的理由不能成立,对其诉请,应予驳回。

从以上两个案例中我们能得到什么样的启示呢?

项目四
阿拉伯数字的书写

小知识

阿拉伯数字的起源

阿拉伯数字是国际上通用的一种数字记数符号,包括"0""1""2""3""4""5""6""7""8""9"共 10 个计数符号。它采取位值法,高位在左,低位在右,从左往右书写。借助一些简单的数学符号(小数点、负号等),这个系统可以明确地表示所有的有理数。为了表示极大或极小的数字,人们在阿拉伯数字的基础上创造了科学记数法。12 世纪由阿拉伯传入欧洲,故名阿拉伯数字。

其实,阿拉伯数字并不是阿拉伯人发明的,而是古代印度人创造的。公元 8 世纪,印度一位名叫堪克的数学家,携带数学书籍和天文图表,随着商人的驼群,来到了阿拉伯的首都巴格达城。这时,中国的造纸术正好传入阿拉伯。于是,他的书籍很快被翻译成阿拉伯文,在阿拉伯半岛上流传开来,阿拉伯数字也随之传播到阿拉伯各地。

随着东西方商业的往来,公元 12 世纪,这套数字由阿拉伯商人传入欧洲。阿拉伯数字传入欧洲各国后,由于辗转传抄,模样也逐渐发生了变化,经过数百年的不断改进,到了 1480 年时,这些数字的写法才与现在的写法差不多。1522 年,当阿拉伯数字在英国人同斯托的书中出现时,已经与现在的写法基本一致了。

由于阿拉伯数字及其所采用的十进位制记数法具有许多优点,因此逐渐传播到全世界,为世界各国所使用。阿拉伯数字传入中国,大约是 13 到 14 世纪。由于中国古代有一种数字叫"筹码",写起来比较方便,所以阿拉伯数字当时在我国没有得到及时的推广运用。20 世纪初,随着我国对外国数学成就的吸收和引进,阿拉伯数字在我国才开始慢慢使用,阿拉伯数字在我国推广使用才有 100 多年的历史。阿拉伯数字现在已成为人们学习、生活和交往中最常用的数字了。

任务一　了解阿拉伯数字的书写规定

一、阿拉伯数字的优缺点

（一）阿拉伯数字的优点

阿拉伯数字是最基本的数字符号,突出的优点是容易书写,除"4""5"之外,都能一笔写成。这种符号可以带来一系列的简化效果。例如,在会计簿记中,引用阿拉伯数字可以大大简化会计有关记录、核算工作。

（二）阿拉伯数字的缺点

(1)阿拉伯数字容易涂改,是其不利的一面。例如:"1"容易改成"4""6""7""9";"2"容易改成"3";"3""6"容易改成"8";"7"容易改成"9"等。这对会计数据的记录是非常不利的。

(2)阿拉伯数字没有计算功能,也是它的一个重要缺陷。例如:2+3=5,但由于"2""3"这两个数字符号是不能直接变成5的,必须通过其他途径才能得出数字,即需要死记硬背基本运算结果完成计算。所以,在会计核算中,几乎是不用笔算的。

二、阿拉伯数字的书写要求

阿拉伯数字书写规范是指要符合手写体的规范要求。阿拉伯数字是世界各国的通用数字,书写的顺序是由高位到低位,从左到右依次写出各位数字。

（一）阿拉伯数字书写规范

(1)书写的高度标准,一般要求数字的高度占凭证账页横格高度的 1/2 或 2/3 为宜,书写时要注意紧靠横格底线("7""9"除外),使上方能留出更正空间。

(2)阿拉伯数字应当一个一个地书写,不得连笔写,排列要整齐,在书写时应有一定的斜度,一般可掌握在 $45°\sim60°$,这样能避免上下数字的重叠。

(3)保持均衡的间距,每个数字要大小一致,数字间的空隙应均匀,约半个数字大小,不宜过大以防被添加数字。在印有数位线的凭证、账簿、报表上,每一格只能写一个数字,不得几个字挤在一个格里,也不得在数字中间留有空格。

(4)为防止被模仿或涂改,会计人员要保持个人的书写规律和特色:

①"1"应居中写并不可写得过短,不出底线,不能上下带钩,更不能写成印刷体,且要合乎倾斜度的要求,以防被改为"4""6""7""9"。

②"2"书写时,底部上翘,以免被改为"3"。

③"3"书写时在横向 1/2 处起笔,书写时应上半圈略小于下半圈,且上下半圈中点基本保持在一条倾斜的直线上,以免被改为"8"。

④"4"书写时顶部不封口,两竖要平行。写第二笔竖时应上抵中线,下至下半格的 1/4 处,并注意"4"的右竖要略比左竖长,上半部分约占字的 3/4,下半部分约占字的 1/4。

⑤ "5"书写时起笔要有一定的倾斜度,类同画左小括弧的形状,例如"(",末笔顺势向左边上挑弯一点即可。注意上端的一横要平,不能封顶,要与起笔相连,不留空隙,也不能穿过起笔,右横略高出,以防被改为"6""8"。

⑥ "6"书写时起笔竖划应偏左,并上伸至上半格的 1/4 处。起笔为斜竖,下部的斜椭圆要明显,不能与左侧的斜竖之间留下空隙,以防止被改写为"8"。

⑦ "7"书写时其上端应比其他数字低 1/4,斜竖要超出底线,约下伸至下一格的 1/4 处。

⑧ "8"书写时有两种笔顺,都起笔于右上角,结束于右上角。写"8"时,上边要稍小,下边稍大,可以斜"S"起笔也可直笔起笔,终笔与起笔交接处应成菱角,以防止将"3"改为"8"。

⑨ "9"书写时与"7"一样,起笔略低 1/4,末笔出底线,下伸至下格的 1/4 处。

⑩ "0"书写时应由左至右转圈,写成上下倾斜的扁椭圆形。"6""8""9""0"的圆圈必须封口。

阿拉伯数字书写范例,如图 2-1 所示。

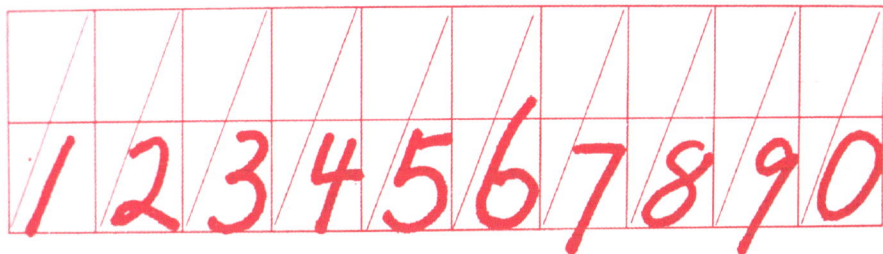

图 2-1　阿拉伯数字书写范例

(二) 阿拉伯数字记数的书写要求

通常,将用阿拉伯数字表示的金额数字简称为"小写金额"。其具体书写要求如下:

(1) 书写小写金额时,数字前面应当书写货币币种或者货币名称简写和币种符号。币种符号与数字之间不得留有空白,以防止金额数字被人涂改。凡数字前写有币种符号的,数字后面不再写货币单位。人民币符号用"¥"表示,"¥"是"yuan"第一个字母缩写的变形,它既代表了人民币的币制,又表示人民币"元"的单位。所以,小写金额前填写人民币符号"¥"以后,数字后面可不写"元"字。"¥"主要应用于填写票证(发票、支票、存单等)和编制记账凭证,在登记账簿和编制报表时,不使用"¥"。

(2) 在没有位数分隔线的凭证、账、表上,所有以元为单位的阿拉伯数字,除表示单价等情况外一律写到角分;无角分的,角位和分位可写"00"或"—";有角无分的,分位应当写"0",不得以符号"—"代替。如人民币 105 元可写成¥105.—,也可写作¥105.00;¥110.50 不可以写作¥110.5—。

(3) 只有分位金额的,在元和角位上各写一个"0"字,并在元与角之间点一个小数点,如"¥0.03"。

(4) 金额的整数部分,可以从小数点向左采用"三位分节制"记数法。该记数法有利于数字之间的辨认、书写、阅读和计算工作。如"¥3457130.72"可记为:"¥3,457,130.72"或"¥3 457 130.72"。

国际上对于多位数的书写,按照三位一节进行分级,称为"三位分节制",即从个位起,向左每三位数作为一节,节与节之间用分节号","分开,也可以用空格代替。

书写阿拉伯数字时,应将数字与位数结合在一起写。书写顺序是由高位到低位,从左到右依次写出各位数字。例如"7 205 318"或"7,205,318"。

(5)有数位分隔线的凭证账表的标准写法:

① 按对应固定的位数填写,不得错位,从最高位起,后面各数位格数字必须写完整。

② 只有分位金额的,在元位和角位上均不得写"0"字。

③ 只有角位或角分位金额的,在元位上不得写"0"字。

④ 分位是"0"的,在分位上写"0",角分位都是"0"的,在角分位上各写一个"0"字。不能采用划线等方法代替。

如小写金额"¥12 450.00"在票据分位格合计栏中填写方法,如表2-1所示。

表 2-1　小写金额书写示范

项　目	千	百	十	万	千	百	十	元	角	分
正确书写			¥	1	2	4	5	0	0	0
错误书写			¥	1	2	4	5	0	0	
错误书写			¥	1	2	4	5	0		
错误书写		¥		1	2	4	5	0	0	0
错误书写			¥	1	2	4	5	0	—	—

任务二　掌握阿拉伯数字的读写规范

一、十进位值制

用10个符号表示基数,用左位1表示本位10的记数方法,称为"十进位值制"。用阿拉伯数字结合十进位值制,就使多位数的书写非常简捷。其实就是把阿拉伯数字直接拼排起来即可。如三百二十四,把3、2、4三个数字并排成324即可。

二、数级及多位数读写法

(一)数级及多位数的写法

在写阿拉伯数字时,每一个数字都占据一个位置,每一个位置分别表示不同的单位。数字所在的位置表示的单位称为"数位"。数位按照个、十、百、千、万的顺序由小到大、由右到左排列,但写数时和读数的习惯顺序,却是由大到小、由左到右的顺序进行的。数字数级及读法,如表 2 - 2 所示。

表 2 - 2 数字数级及读法

级名	···	亿 级				万 级				个 级				小 数				···
位数	···	千万万位	百万万位	十万万位	万万位	千万位	百万位	十万位	万位	千位	百位	十位	个位	十分位	百分位	千分位	万分位	···
读法	···	千亿	百亿	十亿	亿	千万	百万	十万	万	千	百	十	个	角	分	厘	毫	···

当一个数字很多时,书写阿拉伯数字采用分节制,能够比较容易和快捷地辨认数的数位,有利于数字的书写、阅读和计算工作,更能提高准确性和工作效率。为了与国际一致,写多位数一律按三位分级,但读数时仍按四位分级读。

(二) 数位及多位数的读法

为方便多位数的读写,我们在三位分节的基础上总结如下四级读数口诀:"一节前仟位,两节前佰万,三节前拾亿,好读又好记。"

1. 整数的读法
每读出一个数字,接着读出该数字所在的位名。
例如,24 378 应读作:贰万肆仟叁佰柒拾捌;
8 789 543 应读作:捌佰柒拾捌万玖仟伍佰肆拾叁;
623 149 578 应读作:陆亿贰仟叁佰壹拾肆万玖仟伍佰柒拾捌。

2. 中间有零的数的读法
数字中间有零的,不论是一个或连续几个零,都只读一个"零"而不读出其所在位数。
例如,2 013 应读作:贰仟零壹拾叁;
600 023 应读作:陆拾万零贰拾叁。

3. 后面有零的数的读法
数字末尾有零的数的读法,既不读零,也不读零所在的位数。
例如,3 000 应读作:叁仟;
7 200 应读作:柒仟贰佰。

【小贴士】

数位和位数的含义是不同的。写数时每一个数字所占的位置称为数位。数位是指个位、十位……同一个数字由于它所在的数位不同,所表示的数值也不同。例如,在用阿拉伯数字表示数时,同一个"6",放在十位上表示 60,放在百位上表示 600,等等。位数是指一个数含有几个数位。例如,五位数含有个、十、百、千、万五个数位。

实训 1 阿拉伯数字的读写训练

一、阿拉伯数字的书写训练

【实训要求】

按照图 2-2 和图 2-3 的书写样例,进行阿拉伯数字的书写训练,完成图 2-2 至图 2-7。

阿拉伯数字练习用纸

提示:贴底线、占1/2行高、60度左右倾斜。

1 2 3 4 5 6 7 8 9 0

一										二										三										四									
亿	千万	百万	十万	万	千	百	十	元	角	分	亿	千万	百万	十万	万	千	百	十	元	角	分	亿	千万	百万	十万	万	千	百	十	元	角	分	亿	千万	百万	十万	万	千	百

图 2-2 阿拉伯数字练习纸(1)

阿拉伯数字练习用纸

1 2 3 4 5 6 7 8 9 0

提示：贴底线、占1/2行高、60度左右倾斜。

一											二											三											四										
亿	千万	百万	十万	万	千	百	十	元	角	分	亿	千万	百万	十万	万	千	百	十	元	角	分	亿	千万	百万	十万	万	千	百	十	元	角	分	亿	千万	百万	十万	万	千	百	十	元	角	分
6																																											
7																																											
8																																											
9																																											
0																																											
6																																											
7																																											
8																																											
9																																											
0																																											
6																																											
7																																											
8																																											
9																																											
0																																											
6																																											
7																																											
8																																											
9																																											
0																																											
6																																											
7																																											
8																																											
9																																											
0																																											
6																																											
7																																											
8																																											
9																																											
0																																											

图 2－3　阿拉伯数字练习纸(2)

阿拉伯数字练习用纸

1 2 3 4 5 6 7 8 9 0

提示：贴底线、占1/2行高、60度左右倾斜。

一											二											三											四										
亿	千万	百万	十万	万	千	百	十	元	角	分	亿	千万	百万	十万	万	千	百	十	元	角	分	亿	千万	百万	十万	万	千	百	十	元	角	分	亿	千万	百万	十万	万	千	百	十	元	角	分

图 2－4 阿拉伯数字练习纸(3)

阿拉伯数字练习用纸

1 2 3 4 5 6 7 8 9 0

提示：贴底线、占1/2行高、60度左右倾斜。

一											二											三											四										
亿	千万	百万	十万	万	千	百	十	元	角	分	亿	千万	百万	十万	万	千	百	十	元	角	分	亿	千万	百万	十万	万	千	百	十	元	角	分	亿	千万	百万	十万	万	千	百	十	元	角	分

图 2-5　阿拉伯数字练习纸(4)

阿拉伯数字练习用纸

提示：贴底线、占1/2行高、60度左右倾斜。

1 2 3 4 5 6 7 8 9 0

一											二											三											四										
亿	千万	百万	十万	万	千	百	十	元	角	分	亿	千万	百万	十万	万	千	百	十	元	角	分	亿	千万	百万	十万	万	千	百	十	元	角	分	亿	千万	百万	十万	万	千	百	十	元	角	分

图 2-6　阿拉伯数字练习纸(5)

阿拉伯数字练习用纸

1 2 3 4 5 6 7 8 9 0

提示：贴底线、占1/2行高、60度左右倾斜。

一										二										三										四									
亿	千万	百万	十万	万	千	百	十	元	角	分	亿	千万	百万	十万	万	千	百	十	元	角	分	亿	千万	百万	十万	万	千	百	十	元	角	分	亿	千万	百万	十万	万	千	百	十	元	角	分

图 2-7　阿拉伯数字练习纸(6)

二、大写数字转写阿拉伯数字训练

【实训要求】

在汉字大写数字后面,写上正确规范的阿拉伯数字,并按"三位分节制"加上分节号,如表2-3所示。

表2-3 大写数字转阿拉伯数字分写练习

序号	汉字大写数字	阿拉伯数字书写
1	陆仟叁佰零玖	
2	柒仟陆佰伍拾贰万叁仟肆佰柒拾柒	
3	伍仟零捌万柒仟零陆点伍柒	
4	壹拾玖万伍仟陆佰捌拾壹	
5	肆万壹仟捌佰伍拾柒点肆陆	
6	玖亿柒仟陆佰玖拾万零柒仟陆佰叁拾壹	
7	柒拾壹万玖仟捌佰零伍点叁零	
8	叁仟伍佰肆拾贰万贰仟叁佰捌拾伍点零贰	
9	陆万柒仟伍佰贰拾伍	
10	壹拾玖万贰仟捌佰柒拾肆点叁玖	

三、读数训练

【实训要求】

把表2-4中左列阿拉伯数字按"三位分节制"重新书写并在右列按照四位分级读法书写正确的汉字大写数字。

表2-4 阿拉伯数字分节及读数练习

序号	阿拉伯数字	阿拉伯数字加注分节号	读作(汉字大写数字)
1	75893002.18		
2	393400.8		
3	86307009.04		
4	20085006.9		
5	60500970		

序号	阿拉伯数字	阿拉伯数字加注分节号	读作(汉字大写数字)
6	75000458.27		
7	58500000		
8	426587890.3		
9	9670502		
10	12007005.64		

项目五

汉字大写数字的书写

小知识

中国历史上的汉字数字分为小写和大写两种,"一、二、三、四、五、六、七、八、九、十"即汉字小写数字(下同),汉字大写数字是指"壹、贰、叁、肆、伍、陆、柒、捌、玖、零、仟、佰、拾"等。据说明朝以前,人们记账都是使用小写数字,由于这些数字过于简单,容易涂改,给一些不法之徒以可乘之机,如把"一"改为"二""三""六""七"等。所以,朱元璋建立明朝后,大力惩治贪官污吏,雷厉风行。明初有一个户部侍郎叫郭桓,他利用职权与官吏们勾结,通过涂改财会凭证上的小写数字的办法大肆侵吞政府钱粮,累计达二千四百万石精粮,这个数字差不多与当时全国秋粮实征总数相等。此案牵连到朝廷 12 个高官、6 个部的大小官员和全国许多大地主。明太祖大为震惊,下令将郭桓等案犯以及株连者数万人斩首示众。此案后,明太祖认识到治理贪污不但要严惩罪犯,更要从制度上杜绝贪污之门,因此下令在财务管理上实行行之有效的措施,其中明确要求记账的数字必须由"一、二、三、四、五、六、七、八、九、十、百、千"改为"壹、贰、叁、肆、伍、陆、柒、捌、玖、拾、陌、阡"等复杂的汉字,用以增加涂改账册的难度。后来"陌"和"阡"被改写成"佰、仟",并一直沿用至今。

【小贴士】

我国相关财会和金融制度规定,在开具支票、发票、结算票据、账单、存折等重要票证和一切收款和付款凭证以及合同等正式凭证时,除了把金额写成阿拉伯数字外,还必须写上汉字大写数字。使用汉字大写数字可以防伪、防弊,不易被篡改。汉字大写数字的读法和阿拉伯数字的读法是相同的,但规范的书写方法不同。在有金额分位的凭证和账表上,尤其是在账簿上,大写数字的书写方法和一般普通写法是不同的,结合记账规则的需要,有特定的书写规格和要求。

汉字大写数字的渊源

任务一　了解汉字大写数字的基本要求

一、汉字大写数字的种类

汉字大写数字包括表示数量用字、数位用字、金额单位用字和截止符号用字四种。具体如表 2-5 所示。

表 2-5　汉字大写数字种类

种　　类	汉字大写数或字
数量用字（基数词）	壹、贰、叁、肆、伍、陆、柒、捌、玖、零
数位用字（数位词）	拾、佰、仟、万、亿
金额用字（单位词）	元（圆）、角、分、厘、毫
截止符号	整、正

二、汉字大写数字书写的有关要求

【小贴士】

中国人民银行《支付结算办法》规定，银行、单位和个人填写的各种票据和结算凭证是办理支付结算和现金收付的重要依据，直接关系到支付结算的准确性、及时性和安全性。票据和结算凭证是银行、单位和个人凭以记载账务的会计凭证，是记载经济业务和明确经济责任的一种书面证明。因此，填写票据和结算凭证，必须做到标准化、规范化，要要素齐全、数字正确、字迹清晰、不错漏、不潦草，防止涂改。

（一）用正楷或行书字书写

票据金额不仅需要用阿拉伯数字，而且要用中文大写金额数字书写，在书写时一律用正楷字或行书字，不得自造简化字。

汉字大写数字的规范写法如下：

壹贰叁肆伍陆柒捌玖拾佰仟万亿元
角分零整

"壹贰叁肆伍陆柒捌玖拾佰仟万亿元角分零整"不得用一、二（两）、三、四、五、六、七、八、九、十、念、毛、另（或0）填写，不得自造简化字。如果金额数字书写中使用繁体字，如贰、陆、億、萬、圓的，也应受理。

1. 汉字大写数字的书写

汉字大写数字，主要用于填写收据、借据、发货票、支票、本票、汇票、合同书及委托合同等需要防止涂改的信用凭证。规范书写如下：

基数词：壹、贰、叁、肆、伍、陆、柒、捌、玖、零；

数位词：个、拾、佰、仟、万、亿。

书写规则：

（1）基数词要与数位词、单位词等结合起来表示数。如¥230.00，大写为：人民币贰佰叁拾元整。

（2）数字之间不能留空位。写数字的顺序与读数的一样，如果数目中有相邻两个以上"0"时，大写时只写一个"零"字。如果连续有几个"0"，个位也是"0"，十分位不是"0"时，大写可不写"零"字。如¥2 006.15，大写为：人民币贰仟零陆元壹角伍分。

（3）数字末尾以下没有"角、分"时，要写"整"字收尾。如¥56.00，大写为：人民币伍拾陆元整。

汉字大写数字不能写错，也不能漏写，一旦出现差错，要重新填制凭证，不能涂改。

2. 汉字小写数字的书写

汉字小写数字的书写用于无须防止涂改的数字。如计划、总结以及请求报告等。规范书写如下：

基数词：一、二、三、四、五、六、七、八、九、十；

数位词：个、十、佰、仟、万、亿。

其读写规则与大写汉字完全相同，这里不再举例。

（二）"人民币"与数字之间不得留有空位

有固定格式的重要单证，大写金额栏一般都印有"人民币"字样，大写金额数字应紧接"人民币"字样填写，不得留有空白。大写金额数字前未印"人民币"字样的，应加填"人民币"三个字。在票据和结算凭证大写金额栏内不得预印固定的"仟、佰、拾、万、元、角、分"字样。若发票等凭证大写金额栏内预印了固定的数位，对未使用的部分应划线或在前面加符号"⊗"。

如小写金额数字为¥7 500.05，在印有大写金额万、仟、佰、拾、元、角、分位置的凭证上书写大写金额数字时，其汉字大写金额应写成：人民币⊗万柒仟伍佰零拾零元零角伍分。

（三）有关"整"字的用法

汉字大写金额数字到"元"为止的，在"元"之后，应写"整"字或"正"字（下同）。汉字大写金额数字到"角"为止的，在"角"后的"整"字可写可不写。汉字大写金额数字至"分"为止的，在"分"后面不写"整"字。如，¥2 300.00，大写为：人民币贰仟叁佰元整；¥25.60，大写为：人民币贰拾伍元陆角。

(四) 有关 "零" 字的写法

阿拉伯数字有 "0" 时,汉字大写金额怎样书写要看 "0" 所在的位置。对于数字尾部 "0",不管是一个还是连续几个,汉字大写书写到非零数位后,用一个 "整" 字结尾,而不需要用 "零" 来表示。如¥7.60,汉字大写金额写成:人民币柒元陆角;¥100.00,汉字大写金额写成:人民币壹佰元整。

当阿拉伯金额数字中间有 "0" 时,汉字大写应按汉语语言规律、金额数字构成和防止涂改的要求进行书写。具体如下:

(1) 阿拉伯金额数字中间有 "0" 时,汉字大写金额要写 "零" 字。如¥1 409.50,汉字大写金额应写成:人民币壹仟肆佰零玖元伍角。

(2) 阿拉伯金额数字中间连续有几个 "0" 时,汉字大写金额中间可以只写一个 "零" 字。如¥6 007.14,汉字大写金额应写成:人民币陆仟零柒元壹角肆分。

(3) 阿拉伯金额数字万位是 "0",或者数字中间连续有几个 "0",万位也是 "0",但千位不是 "0" 时,中文大写金额中可以只写一个 "零" 字,也可以不写 "零" 字。如¥107 000.53,应写成:人民币壹拾万柒仟元零伍角叁分,或者写成:人民币壹拾万零柒仟元伍角叁分。

(4) 阿拉伯金额数字元位是 "0",或者数字中间连续有几个 "0",元位也是 "0",但角位不是 "0" 时,中文大写金额中可以只写一个 "零" 字,也可以不写 "零" 字。如¥1 680.32,汉字大写金额应写成:人民币壹仟陆佰捌拾元零叁角贰分,或者写成:人民币壹仟陆佰捌拾元叁角贰分。

(5) 阿拉伯金额数字角位是 "0",而分位不是 "0" 时,中文大写金额 "元" 后面应写 "零" 字。如¥16 409.02,汉字大写金额应写成:人民币壹万陆仟肆佰零玖元零贰分;又如¥325.04,汉字大写金额应写成:人民币叁佰贰拾伍元零肆分。

(6) 在印有大写金额万、仟、佰、拾、元、角、分位置的凭证上书写大写金额数字时,阿拉伯金额数字中间有几个 "0"(含分位),汉字大写金额数字就要写几个 "零" 字。如¥1 400.50在印有大写金额位置的凭证上填写时,汉字大写金额数字应写成:人民币⊗万壹仟肆佰零拾零元伍角零分。

(五) 有关 "壹" 字的写法

在书写数字金额大写汉字中 "壹" 字不能遗漏。平时口语习惯说 "拾几" "拾几万",在这里 "拾" 字仅代表数位,不是数字。"壹拾" 既代表位数,又代表数字,所以 "壹拾几" 的 "壹" 字不能遗漏。如¥12.45,汉字大写金额应写成:人民币壹拾贰元肆角伍分;¥160 000.00汉字大写金额应写成:人民币壹拾陆万元整。

(六) 金融票据出票日期的书写

🔍【小贴士】

根据银行有关规定,若票据出票日期使用小写填写的,银行不予受理。大写日期未按要求规范填写的,银行可予受理,但由此造成损失的,由出票人自行承担。

作废的支票不得撕去,应由签发单位自行注销,并与存根一起保存。票据和结算凭证金额以中文大写和阿拉伯数字同时记载的,二者必须一致,否则票据无效,银行不予受理。

中文大写数字是用于填写需要防止涂改的销货发票、银行结算凭证、收据等,因此,在书写时不能写错。一旦出现错误或漏写,必须重新填写,写错的凭证随即注销作废,但不要随便丢弃,应当妥善保管。票据和结算凭证上金额、出票或者签发日期、收款人名称不得更改,更改的票据一律无效。

为防止变造票据的出票日期,支票、发票等票据的出票日期必须使用汉字大写,在填写年、月、日时,应按照下列规则书写:

1. 年的填写

年份应按照阿拉伯数字表示的年份对所对应的汉字大写书写。如 2000 年对应的大写是:贰零零零年;2012 年对应的大写是:贰零壹贰年。

2. 月的填写

在填写月时,1月、2月、10月,应在其前加"零";11月、12月,应在其前加壹,其余月份按照正常读法转为汉字大写。全年月份书写范例如表 2-6 所示。

表 2-6　全年月份书写范例

阿拉伯月份	对应汉字大写	阿拉伯月份	对应汉字大写	阿拉伯月份	对应汉字大写
1月	零壹月	5月	伍月	9月	玖月
2月	零贰月	6月	陆月	10月	零壹拾月
3月	叁月	7月	柒月	11月	壹拾壹月
4月	肆月	8月	捌月	12月	壹拾贰月

3. 日的填写

在填写日时,1日至9日、10日、20日、30日前应加"零"字,11日至19日前应加"壹"字,写成"壹拾×日",其余日按照正常读法转为大写汉字。如1日对应大写:零壹日;10日对应大写:零壹拾日;11日对应大写:壹拾壹日;31日对应大写:叁拾壹日。

实训2　汉字大写数字的书写训练

【实训要求】

1. 按照图 2-8 至图 2-11 内的书写样例,进行汉字大写数字的书写训练。

大写金额练习用纸

零	零	零	零	零	零	零					
壹	壹	壹	壹	壹	壹	壹					
贰	贰	贰	贰	贰	贰	贰					
叁	叁	叁	叁	叁	叁	叁					
肆	肆	肆	肆	肆	肆	肆					
伍	伍	伍	伍	伍	伍	伍					
陆	陆	陆	陆	陆	陆	陆					
柒	柒	柒	柒	柒	柒	柒					
捌	捌	捌	捌	捌	捌	捌					
玖	玖	玖	玖	玖	玖	玖					
拾	拾	拾	拾	拾	拾	拾					
佰	佰	佰	佰	佰	佰	佰					
仟	仟	仟	仟	仟	仟	仟					
万	万	万	万	万	万	万					
亿	亿	亿	亿	亿	亿	亿					
元	元	元	元	元	元	元					
角	角	角	角	角	角	角					
分	分	分	分	分	分	分					

图 2－8　大写金额练习纸(1)

大写金额练习用纸

零	零	零	零	零	零	零					
壹	壹	壹	壹	壹	壹	壹					
贰	贰	贰	贰	贰	贰	贰					
叁	叁	叁	叁	叁	叁	叁					
肆	肆	肆	肆	肆	肆	肆					
伍	伍	伍	伍	伍	伍	伍					
陆	陆	陆	陆	陆	陆	陆					
柒	柒	柒	柒	柒	柒	柒					
捌	捌	捌	捌	捌	捌	捌					
玖	玖	玖	玖	玖	玖	玖					
拾	拾	拾	拾	拾	拾	拾					
佰	佰	佰	佰	佰	佰	佰					
仟	仟	仟	仟	仟	仟	仟					
万	万	万	万	万	万	万					
亿	亿	亿	亿	亿	亿	亿					
元	元	元	元	元	元	元					
角	角	角	角	角	角	角					
分	分	分	分	分	分	分					

图 2-9　大写金额练习纸(2)

大写金额练习用纸

零	零	零	零	零	零	零				
壹	壹	壹	壹	壹	壹	壹				
贰	贰	贰	贰	贰	贰	贰				
叁	叁	叁	叁	叁	叁	叁				
肆	肆	肆	肆	肆	肆	肆				
伍	伍	伍	伍	伍	伍	伍				
陆	陆	陆	陆	陆	陆	陆				
柒	柒	柒	柒	柒	柒	柒				
捌	捌	捌	捌	捌	捌	捌				
玖	玖	玖	玖	玖	玖	玖				
拾	拾	拾	拾	拾	拾	拾				
佰	佰	佰	佰	佰	佰	佰				
仟	仟	仟	仟	仟	仟	仟				
万	万	万	万	万	万	万				
亿	亿	亿	亿	亿	亿	亿				
元	元	元	元	元	元	元				
角	角	角	角	角	角	角				
分	分	分	分	分	分	分				

图 2-10 大写金额练习纸(3)

大写金额练习用纸

零	零	零	零	零	零	零					
壹	壹	壹	壹	壹	壹	壹					
贰	贰	贰	贰	贰	贰	贰					
叁	叁	叁	叁	叁	叁	叁					
肆	肆	肆	肆	肆	肆	肆					
伍	伍	伍	伍	伍	伍	伍					
陆	陆	陆	陆	陆	陆	陆					
柒	柒	柒	柒	柒	柒	柒					
捌	捌	捌	捌	捌	捌	捌					
玖	玖	玖	玖	玖	玖	玖					
拾	拾	拾	拾	拾	拾	拾					
佰	佰	佰	佰	佰	佰	佰					
仟	仟	仟	仟	仟	仟	仟					
万	万	万	万	万	万	万					
亿	亿	亿	亿	亿	亿	亿					
元	元	元	元	元	元	元					
角	角	角	角	角	角	角					
分	分	分	分	分	分	分					

图 2－11　大写金额练习纸(4)

2. 将小写金额数字书写成规范的汉字大写金额,填入表 2 - 7 中。

表 2 - 7 小写金额数字转大写金额数字练习

序号	小写金额数字	大写金额数字
1	￥107 006.50	
2	￥3 004 000.00	
3	￥15 600 000.00	
4	￥526 879 400.35	
5	￥74 600 350.80	
6	￥980 600.34	
7	￥1 400 008.05	
8	￥3 865 940.00	
9	￥8 567 409.63	
10	￥45 208 030.70	
11	￥7 209 006.35	
12	￥125 605 480.30	
13	￥82 000.50	
14	￥5 918 600.32	
15	￥9 843 500.67	
16	￥60 004 080 300.00	
17	￥4 008.05	
18	￥39 678.00	
19	￥180 000.00	
20	￥286 005.70	

3. 采用财会规范的填写方法在表 2 - 8 中写出对应的支票签发大写日期。

表 2 - 8 支票签发大写日期书写练习

序号	小 写 日 期	大 写 日 期
1	2011 年 1 月 2 日	
2	2022 年 2 月 18 日	
3	2014 年 3 月 10 日	

续　表

序号	小　写　日　期	大　写　日　期
4	2012 年 4 月 28 日	
5	2000 年 5 月 30 日	
6	2023 年 6 月 1 日	
7	2015 年 5 月 5 日	
8	2002 年 7 月 20 日	
9	2020 年 10 月 10 日	
10	2019 年 9 月 25 日	
11	2023 年 11 月 29 日	
12	2018 年 8 月 12 日	
13	2017 年 7 月 31 日	
14	2016 年 2 月 11 日	
15	2022 年 12 月 12 日	

任务二　掌握错数的订正方法

如果在财会工作中数字的书写发生了错误，就要进行订正，订正数字要求规范化，不能随意在原来的数字上涂改、挖补、刮擦、粘贴或者用消字水等化学方法，必须保证数字的真实性，明确经济责任。

一、阿拉伯小写金额数字错误的订正

小写金额数字写错需要更正时，应该按规定方法改正或作废重新填写。其采用的订正方法是划线更正法：先将错误的数字整体划红线注销，但必须使原有字迹仍可辨认；然后在划线上方填写正确的数字，并由记账人员在更正处盖章，以明确责任。此时，要注意以下两点：

一是，小写金额金额数字合计数发生错误时，要改该数值的全部数字，不能只改其中部分数字。如将小写金额合计数字￥3 268.26，错写成￥3 286.26，正确的订正方法如图 2-12 所示，而不能采用图 2-13 中的方法。

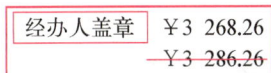

经办人盖章	￥3 268.26
	~~￥3 286.26~~

图 2-12　错误小写数字的正确订正方法(1)

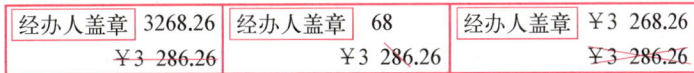

经办人盖章	3268.26
	￥3 286.26

经办人盖章	68
	￥3 286.26

经办人盖章	￥3 268.26
	￥3 286.26

图 2-13　错误小写数字的错误订正方法(1)

二是,当在填写小写金额合计数时,未完成就发现有错,不能当即改写错数字,应把数字写完,然后再用划线更正法更正。如小写金额数字为¥5 623.12,当写到¥65时就发现写错,正确的订正方法如图2-14所示,而不能采用图2-15中的方法。

经办人盖章	¥5 623.12
	~~¥6 523.12~~

图2-14 错误小写数字的正确订正方法(2)

经办人盖章	¥5 623.12
	~~¥65~~

图2-15 错误小写数字的错误订正方法(2)

二、在分位格中书写小写金额数字错误的订正

(1)如果在填写票据或凭证时发现一笔金额数字中只写错了一个或几个数字,不能只更改写错的数字,而应将该数字全部用红线划销后,再将正确的数字写入错误数字所在行内的上半格。如将一笔小写金额数字¥465 000.26错写为¥645 000.26,正误对比订正方法如图2-16所示。

		亿	千	百	十	万	千	百	十	元	角	分
错误的更正方法					4	6						
				¥	6	4	5	0	0	0	2	6
正确的更正方法	经办人盖章			¥	4	6	5	0	0	0	2	6
				¥	6	4	5	0	0	0	2	6

图2-16 分位格中写错小写数字的正误订正方法对比(1)

(2)如果在填写票据或凭证合计数时发现一笔小写金额数字未写完时已出错,则要把数字写完,或用"0"把剩余空位补齐,不能留空格,然后再用划线更正法更正。如在填写票据或凭证时,发现一笔小写金额数字为¥23 659.05,写到¥23 56时发现写错,正误对比改正方法如图2-17所示。

		亿	千	百	十	万	千	百	十	元	角	分
正确的更正方法	经办人盖章				¥	2	3	6	5	9	0	5
					¥	2	3	5	6	9	0	5
正确的更正方法	经办人盖章				¥	2	3	6	5	9	0	5
					¥	2	3	5	6	0	0	0
错误的更正方法					¥	2	3	6	5	9	0	5
					¥	2	3	5	6			

图2-17 分位格中写错小写数字的正误订正方法对比(2)

三、汉字大写金额数字错误的订正

汉字大写金额数字主要用于填写需要防止涂改的销货发票、银行结算凭证、收据、存单等各种重要的凭证时使用。因此,在书写时不能写错。如果写错,则本张凭证作废,需重新填制,作废的凭证要妥善保管,不能随便丢弃。如其他原因不能更换写错凭

证时,应采取划线更正法更正写错的汉字大写金额数字,具体要求及注意事项同小写金额数字错误的订正方法。

例如,汉字大写金额数字的正误订正方法对比如表 2 - 9 所示。

表 2 - 9　汉字大写金额数字的正误订正方法对比

错误的订正方法	订正要求	正确的订正方法	
捌 人民币陆佰柒拾伍元壹角	不能只订正个别数字	经办人员盖章	人民币陆佰捌拾伍元壹角 人民币陆佰柒拾伍元壹角
人民币叁拾贰万陆仟伍佰元整 叁拾贰万伍仟陆佰元整	必须全部划掉重新写	经办人员盖章	人民币叁拾贰万陆仟伍佰元整 叁拾贰万伍仟陆佰元整

四、汉字大写金额数字常见书写错误

汉字大写金额数字正确写法与错误写法对照如表 2 - 10 所示。

表 2 - 10　汉字大写金额数字正确写法与错误写法对照

小写金额数字	汉字大写金额数字		
	正 确 写 法	错 误 写 法	错误原因
￥5 000.00	人民币伍仟元整	伍仟元整	漏写"人民币"
￥19.68	人民币壹拾玖元陆角捌分	人民币拾玖元陆角捌分	漏写"壹"字
￥1 000.00	人民币壹仟元整	人民币:壹仟元整	"人民币"后多写冒号
￥100 600.00	人民币壹拾万零陆佰元整	人民币壹拾万陆佰元整	漏写"零"字
￥73.20	人民币柒拾叁元贰角(整)	人民币柒拾叁元贰角零分	多写"零分"两字
￥610.77	人民币陆佰壹拾元(零)柒角柒分	人民币陆佰壹拾零元柒角柒分	多写一个"零"字
￥760 005.20	人民币柒拾陆万零伍元贰角(整)	人民币柒拾陆万元零伍元贰角	多写一个"元"字
￥7 950.42	人民币柒仟玖佰伍拾元肆角贰分	人民币柒仟玖佰伍拾肆角贰分	漏写一个"元"字

实训 3　订 正 训 练

一、阿拉伯数字错误的订正

【实训要求】

使用正确的订正方法,根据表 2 - 11 中所给的正确数字,对表 2 - 12 中小写数字的错误进行更正,并填写规范的大写数字到表 2 - 12 右侧的空行中。

表 2 - 11 正 确 数 字

题　号	正　确　数　字
1	¥89 506.47
2	¥1 826 005.35
3	¥5 329 480.08
4	¥4 856 700.80
5	¥7 503 620.00

表 2 - 12 数 字 表 格

题号	更正小写数字										大 写 数 字
	千	百	十	万	千	百	十	元	角	分	
1			¥	8	9	5	0	6	4	7	
2	¥	1	8	2	6	0	0	5	3	5	
3	¥	5	3	2	9	4	8	0	0	8	
4	¥	4	8	5	6	7	0	0	8	0	
5	¥	7	5	0	3	6	2	0	0	0	

二、小写金额数字错误的订正

【实训要求】

在登记账表时,发生小写金额数字写错,请在表 2 - 13 中按规范的订正方法更正,并加盖印章,说明订正要求。

表 2 - 13 数 字 表 格

错误更正方法								正确更正方法							
十万	万	千	百	十	元	角	分	十万	万	千	百	十	元	角	分
		5	0	~~8~~ 3	1	5	7			5	0	8	1	5	7
	8	9	~~4~~ 8	5	~~8~~ 3	0	2		8	9	4	5	8	0	2
	6	7	5	~~6~~		5	8			6	7	5			
		~~¥~~	7	5	8	2				7	5	8	2		
	~~7~~	5	8	2											
	¥	2	5	6	0	8	7	¥		2	5	6	0	8	7
¥		2	5	6	0	8	7								

三、汉字大写金额数字常见书写错误分析

【实训要求】

请对表 2 - 14 中汉字大写金额数字常见的书写错误进行订正,并列出错误原因。

表 2-14　汉字大写金额数字常见书写错误订正

小写金额数字	汉字大写金额数字		
	错　误　写　法	正　确　写　法	错　误　原　因
¥4 895 000.67	人民币肆佰捌拾玖万伍仟零元陆角柒分		
¥159 648.23	人民币拾伍万玖仟陆佰肆拾捌元贰角叁分		
¥300 009.05	人民币叁拾万元零玖元零伍分		
¥58 491.80	人民币伍万捌仟肆佰玖拾壹元捌角零分		
¥7 268.05	人民币：柒仟贰佰陆拾捌元零伍分		
¥64 900.05	人民币陆万肆仟玖佰元伍分		
¥28 056 000.00	人民币贰仟捌百万零伍万陆仟元整		
¥78 005.18	人民币　柒万捌仟零伍元壹角捌分		
¥97 560.20	人民币玖万柒仟伍佰陆拾贰角整		
¥856 000.00	人民币捌拾伍万陆仟元		
¥451 009.08	人民币肆拾伍万壹仟另玖元另捌分		

实训 4　会计书写综合测试（20 分钟）

一、请在表 2-15 中按横向循环顺序规范书写阿拉伯数字"0、1、2、3、4、5、6、7、8、9"二十遍。（共 40 分）

表 2-15　阿拉伯数字 0～9 循环练习

二、在下列阿拉伯小写金额数字右边写下汉字大写金额数字。(共 10 分)

(1) ¥660 432.89 _____

(2) ¥7 009 543.00 _____

(3) ¥321 571 600.04 _____

(4) ¥8 409.00 _____

(5) ¥23.46 _____

三、在下列汉字大写金额右边写出阿拉伯小写金额。(共 10 分)

(1) 人民币柒佰叁拾元整 _____

(2) 人民币玖拾肆万柒仟零肆拾壹元零伍分 _____

(3) 人民币柒拾万元整 _____

(4) 人民币贰仟叁佰叁拾伍元捌角柒分 _____

(5) 人民币壹佰万元零陆分 _____

四、请根据订正规则改正表 2 - 16 中各题的错误。(共 20 分)

表 2 - 16 错 误 更 正

题 目	正 确 写 法	题 目	正 确 写 法
币贰拾肆元参角		¥100	
人民币：拾捌元正		两块九毛	

五、下面有四张虚拟的收(借)据,请先审查,然后更正错误(带"＊"号的默认正确)。大写金额正确写法请填写在表格右方的横线上。(每题 5 分,共 20 分)

①

订正：

```
            收  据
  今收到文具柜货款人民币 4 佰零
九块整。(¥409.00)
```

_____

②

订正：

```
            借  据
  今借王苹人民币二拾参万元,利息
3％,限二年归还。
                    (大章)＊＊公司
                      ＊＊＊(章)
                    ＊年＊月＊日
```

_____

③

> **收　据**
> 今收到马三还来借款人民币拾伍
> 元整。（￥15.00）
> 　　　　　收款人：＊＊＊（章）
> 　　　　　　　＊年＊月＊日

订正：

④

> **收　据**
> 今收到李东交来 2 月份水电费共
> 计一千六百元整。（￥1 600.00）
> 　（大章）＊＊公司经手人
> 　　　　　　＊＊＊（章）
> 　　　　　　　＊年＊月＊日

订正：

模块三
点钞技术

3

1. 掌握手工点钞的基本要领和基本环节。
2. 掌握手工点钞的常用方法。
3. 掌握机器点钞的操作程序。
4. 了解机器点钞的注意事项。

能力目标

1. 能熟练掌握手持式单指单张点钞法的连贯性操作。
2. 能熟练掌握手持式多指多张点钞法的连贯性操作。
3. 能掌握钞券捆扎的方法。
4. 能掌握机器点钞的连贯性操作方法。

素养目标

1. 培养严谨、细致的职业工作习惯。
2. 树立正确的金钱观，奉公守法、坚持原则、廉洁自律。
3. 时刻牢记做一名"心思缜密，操守严明"的财经人。

项目六

手工点钞的基本要领和基本环节

点钞技术

　　点钞，俗称点纸币、数钱，是指按照一定的方法查清票币的数额，即整理、清点钞票，使进出钞票的数量和质量得到保证。在银行泛指清点各种票币，又称票币整点。现在，不仅金融系统，其他部门的现金流量也都很大。对于出纳、会计以及前台柜员来说，清点钞票是一项经常性的、技术性很强的工作。点钞技术的好坏，直接影响工作的效率和质量。因此，点钞技术是银行、企事业单位出纳、收银、营销等部门人员的必备技能之一，点钞的速度和准确率是评价其业务素质的一项重要指标。

🌐 小知识

点钞技术的产生和发展

　　点钞技术是随着纸币的产生和金融事业的发展而产生和发展的。银行现金业务的与日俱增，使各种点钞方法相继出现。由于我国地域辽阔，各种自然流传的点钞方法很多，常用的有 20 多种，究竟哪种方法最好，目前尚无定论。

任务一　掌握手工点钞的基本要领

　　学习手工点钞，首先要掌握手工点钞的基本要领。以下几点要求对于任何一种点钞方法都是适用的。

一、姿势要正确,手指与钞票的接触面要小

点钞时坐姿如何,会直接影响点钞技术的发挥与提高。正确的坐姿会使点钞时肌肉放松,双手活动自如,动作协调,减轻劳动强度;相反,不正确的坐姿会使肌肉紧张,动作生硬,不协调,增加劳动强度。

正确的姿势应该是身体坐直,挺胸,全身肌肉放松,双肘自然放在桌上,持票的左手手腕接触桌面,右手手腕稍抬起。另外,在点钞时,捻钞的手指与钞票的接触面要小,这样能使钞票捻出后迅速弹出。如果接触面过大,一是容易造成手指往返动作的幅度随之增大,从而导致手指动作的频率下降;二是钞票不易弹出,最终会影响点钞速度。

二、用具摆放要定位

点钞时要用的辅助工具有扎把条、海绵缸、印泥、印章及笔等。扎把条应放在桌面的右侧,呈"S"型;海绵缸、印泥、印章及笔等要根据自己平常的工作习惯以及使用的顺序在固定位置放好,以方便使用为原则。

三、钞票要清理整齐

将要清点的钞票分类、理齐、整平,这有利于提高点钞的准确性和速度。清理时要将破旧、弯折、折角、揉搓过的钞票理齐,放置于桌面上,具体位置应方便左手持钞。

四、动作要连贯

点钞时双手动作要协调,清点动作要均匀,切忌忽快忽慢,忽多忽少。

五、扇面要均匀

不管使用哪种点钞方法,在清点前,都要先将钞票打开为扇形或坡形,使每张钞票都露出一定宽度的边,并留得均匀,能保证在捻动钞票时不夹张。所以,扇面开得是否均匀,影响点钞的准确性。

六、钞票要墩齐

墩齐是点钞技术中不可或缺的一个环节,它直接影响扎把的质量,从而影响点钞技术的整体质量。钞票墩齐应四条边水平无露头,不能呈梯形错开。

七、扎把要牢固

清点准确的钞票要捆扎牢固,扎小把时,将第一张钞票轻轻向上方提起,以抽不出票为标准。扎大捆(10把)时,以"井"字型捆扎,以用力推不变形,抽不出票为标准。

八、盖章要清晰

对点完并扎好把条的钞票,应该在把条上加盖点钞人员的名章,表示对此钞票质量和数量负责。因此,盖章必须清晰,以能看清姓名为准。

任务二　掌握手工点钞的基本环节

一、拆把

将未清点的成把的钞票拿在手中,将其把条脱去或者勾断,为清点做好准备。

二、持钞

在持钞过程中将钞票打开呈均匀的扇形,每一种点钞方法都有特定的持钞姿势,详见后面的阐述。

三、清点

清点是整个点钞过程中最为关键的环节,在清点的过程中力求做到既快又准。同时将残损币和不同版别的钞票挑出。清点完100张为一把。

四、扎把

在扎把之前先将钞票墩齐,做到四边对齐、不露头、不卷折。用把条进行扎把,力求做到又紧又快,如图3-1和图3-2所示。

图 3-1　钞纸扎把(1)

图 3-2　钞纸扎把(2)

五、盖章

扎把完成后,要完成的最后一个步骤是盖章。为了实现责任到人,每一把都要求盖上点钞人的名章,一般盖在把条的上侧,所盖的图章必须清晰。

🔍【小贴士】

　　机器点钞凭借其便捷、快速的特点,已经普遍应用于各银行及企事业单位的收付款工作中。但是由于点钞机受场地电源限制、携带不方便、无法清点破损严重及小面值的钞票等原因,机器点钞不能完全取代手工点钞。手工点钞依然是一项比较重要的技术性很强的工作。

实训 1　点钞坐姿和用品摆放训练

【实训目的】

(1) 能用标准坐姿进行点钞。

(2) 能迅速将待点的练功券、海绵缸、扎把条、印泥、名章摆放在固定的位置上。

【实训要求】

(1) 坐姿要求。

① 上身挺胸坐直,两脚平踏地面,全身自然放松。

② 双肘自然放在桌面上,双手各部位肌肉要放松,双手活动自如。

(2) 用品定位要求。点钞所需用品都应放置在桌面上,具体要求如下:

① 未点的练功券放在身体左前方约 15 cm 的位置。

② 扎把条、海绵缸放在身体正前方约 15 cm 的位置。

③ 已清点过的练功券通常放在扎把条和海绵缸的右侧,距身体约 20 cm 的位置。印泥和图章放在已经清点过的练功券右侧。

④ 点钞用品的摆放位置可根据个人习惯进行调整,但是每个人养成固定的摆放习惯后,不要再随意改变。

【实训时间】

20 分钟。

【实训形式】

每个小组抽出一名检查人员,组成检查小组,对每位同学的坐姿和用品摆放进行打分评价。

【实训内容】

(1) 坐姿训练。

① 每位学生按标准坐姿要求坐好,由老师进行检查,有问题进行改正。

② 分小组进行坐姿练习,由学生互相检查坐姿是否标准。

(2) 用品摆放训练。

将点钞所需用品放在桌面上,让学生按要求快速摆放。

项目七

手工点钞技术

清点钞票是一项技术性很强的工作。点钞速度的快慢直接关系到工作效率的优劣,点钞的准确率关系到国家及企业财产的安全与完整,因此,点钞技术是出纳人员的基本素质之一,点钞的速度和准确率成为考核出纳业务素质的重要指标。作为职业院校,必须重视对会计专业学生的点钞技能的训练。

任务一 掌握手持式单指单张点钞法

手持式单指单张点钞法是银行柜面出纳业务中最为常用的点钞方法之一,由于持钞的面积比较小,基本能看见票面的 3/4,因此容易发现假币和残损的破币。具体操作方法如下:

一、持币

左手手心朝内,打开左手中指与无名指,夹住钞券 1/2 处,再将左手中指与无名指向内屈,左手食指后腰托住票面。左手大拇指在左侧向右推压票面,同时右手食指在右侧向左推票币,右手食指与中指托住钞券右上角的后面,右手无名指与小指自然弯曲。此时票币呈弓形,侧面为扇形。具体持钞手法如图 3-3、图 3-4 所示。

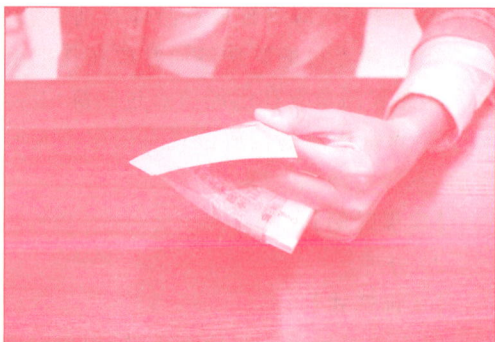

图 3-3 持钞手法   图 3-4 左手持钞手法

二、点钞

点钞时用右手大拇指指尖轻轻捻动票币右上角,左手食指配合大拇指捻动,每捻动一次为一张,右手无名指将捻下的钞券向怀内弹出。同时左手的拇指用指尖推动钞券。具体点钞手法如图 3-5、图 3-6 所示。

三、挑残

在清点过程中,如发现有残损破币时,可以先用右手的中指和无名指将该钞券折向右边外侧,待点完 100 张后抽出补上。

四、记数

单指单张的记数方法主要有两种:前缀循环记数法和后缀循环记数法。

图 3 - 5　右手捻点

图 3 - 6　右手弹拨

(一) 前缀循环记数法

前缀循环记数法是将 100 张券分成 10 组,每组 10 张,将组数加在前面循环记数。例如:1234567890、2234567890、3234567890……10234567890,数完称为一把。这里前九组第一个数字既代表组数,又表示每组的第一张,第十组"10"读"十",其含义同前九组第一个数字。

(二) 后缀循环记数法

后缀循环记数法是将 100 张券分成 10 组,每组 10 张,将组数加在后面循环记数。例如:1234567891、1234567892、1234567893……12345678910,数完称为一把。前九个阿拉伯数字代表张数,最末一位既代表这一组的第 10 张,又表示组数。当最末一位"10"读"十"时,说明已点完 100 张。

五、扎把

先将整点准确的 100 张钞票在桌面上墩齐,使其四条边整齐光滑,然后左手持钞,右手取扎把条将钞票捆扎牢固。扎把方法可依据自己的习惯,采用拧扎法或缠绕法,具体方法见本项目任务六。

> **【小贴士】**
>
> 点钞时,右手大拇指捻的幅度要小,不要抬得过高,以免影响速度。无名指要注意轻点快弹。清点过程中若发现残损钞券不宜马上抽出,以免带出其他钞券,最好的办法是随手向外折叠,使钞券伸出外面一截,待点完整把后,再抽出残票补上好票。若发现可疑券,还应进行真假鉴别。

任务二　掌握手持式四指拨动点钞法

手持式四指拨动点钞法也称为四指四张点钞法,适用于收付款的整点工作。由于每指点一张,因此在点钞过程中容易发现假币。具体操作如下。

一、持币

钞券横握于右手,将左手手心向内,手指向下。左手中指在票面,左手食指、无名指和小指在票后,卡住钞券并将钞券向内握成瓦状。同时左手大拇指在钞券的左端向右将钞券推出呈扇面状。手腕向外转动 90 度,使钞券的凹面朝左向内,如图 3 - 7 所示。

图 3 - 7 左手持钞准备

二、点钞

左手大拇指轻轻抵住钞券的右下角下面,右手的小指、无名指、中指、食指略微并拢呈弓形放于钞券的右上端,食指靠内小指靠外。从小指起依次拨动一张钞券,每组四张,反复点拨,如图 3 - 8、图 3 - 9 所示。

图 3 - 8 左手持钞手法

图 3 - 9 右手捻点

三、记数

手持式拨动点钞法采用分组记数,每组为 4 张,记 25 组为 100 张。

任务三 掌握手持式食指削式点钞法

点钞方法除了前面的手持式单指单张点钞法和手持式四指拨动点钞法之外,目前经常用到的还有手持式食指削式点钞法、手按式点钞法、扇面点钞法等。这些方法都是在基本点钞方法的基础上演变而来,熟悉和掌握这些点钞方法,会极大地提高点钞的效率。

手持式食指削式点钞法是用食指一次清点一张钞券的点钞方法,动作与削铅笔有

点近似,因此而得名。因为食指的灵活性优于大拇指,所以这种方法极大地提高了单指单张的速度,但因在点钞的同时不便于辨别钞券的真伪,这种方法目前更多的是应用于各种点钞比赛中。具体操作如下。

一、持币

左手中指与其他手指分开,中指在下,食指和无名指、小拇指在上,四指配合夹住钞券,用大拇指按住钞券右端,使钞券弯成"U"形;大拇指在钞券右端向内按压,使右端展开成扇面形状;同时左手向外翻转,将钞券翻起并持起钞券于胸前(方法同手持式四指拨动点钞法)。

二、清点

右手大拇指托住钞券右端弧形的底部,食指伸直,将食指指肚前部放在钞券上角,将钞券向下削点,削点时幅度要小,动作要快,如图 3 - 10 所示。左手拇指随着点钞的进度逐步向后移动,以便于加快钞券下落的速度。

图 3 - 10　右手食指向下削点

三、记数

同手持式单指单张点钞法。

四、扎把

具体方法见本项目任务六。

任务四　掌握手按式点钞法

手按式点钞法是一种比较传统,但是使用较为广泛的点钞方法。适用于收付款的散点和整点。由于持钞的面积比较小,因此容易发现假币。

图 3 - 11　左右手摆放姿势

一、手按式单指单张点钞法

手按式单指单张点钞法适用于收、付款工作的初点和复点,尤其适用于不足 100 张零票的整点。具体操作如下。

(一)按钞

将钞券正面朝上横放在正前方,左手小指和无名指微屈放于钞券的左上角,如图 3 - 11 所示。

(二)点钞

用右手大拇指轻轻托住钞券的右下角,用右手的食指捻动一张钞券,左手大拇指向上推动钞券,用左手食指和中指夹住钞券,依次往复,如图 3-12、图 3-13 所示。

图 3-12 左右手配合捻点(1)

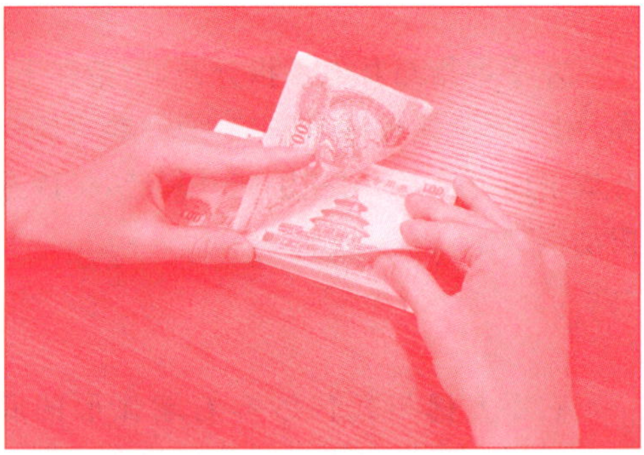

图 3-13 左右手配合捻点(2)

(三)记数

同手持式单指单张点钞法。

二、手按式三张、四张点钞法

手按式三张、四张点钞法的基本步骤也包括按钞、点钞、记数等环节。具体操作如下。

(一)按钞

将钞券正面朝上横放在正前方,左手小指和无名指微屈放于钞券的左下角。

(二)点钞

三张点钞时左手无名指先捻动第一张,随即用左手中指和食指捻动第二张和第三张,捻起的钞券夹在左手食指和中指之间。

四张点钞时左手小拇指先捻动第一张,随即用左手无名指、中指和食指捻动第二张、第三张和第四张,捻起的钞券夹在左手食指和中指之间。

(三)记数

手按式三张、四张点钞法采用分组记数。手按式三张点钞法的分组记数方法以每次为 1 组,共计 33 组,最后剩下一张,总共是 100 张;手按式四张点钞法的分组记数方法以每次为一组,共计 25 组,总共是 100 张。

任务五 掌握扇面式点钞法

扇面式点钞法是指将钞券打开成扇形,然后再分组进行清点的方法。这种方法速度快,最适合用于清点新券及复点工作,是手工点钞中效率最高的一种方法。但这种方法不适合清点新、旧及残损票混合的钞券。而且因清点时只能看到钞券边沿,看不到票面,不便于挑剔残损券和识别假钞。扇面式点钞分为扇面式一指多张点钞和扇面式多指多张点钞两种方法。

一、扇面式一指多张点钞法

扇面式一指多张点钞法的基本操作步骤如下。

(一)拆把

左手持钞,将钞券竖起,钞券正面朝向身体。左手拇指与食指、中指捏住钞券左下方约 1/4 处,拇指在前,其余四指在后。右手拇指将捆扎纸条拆断,如图 3-14 所示。

(二)持钞

将右手大拇指放在左手大拇指的上方,其余四指横放在钞券背面附在左手四指上。钞券下端与左掌心保持一定距离,使钞券可以自行晃动,如图 3-15 所示。

图 3-14 拆把

图 3-15 持钞手法

(三)开扇

开扇是扇面式点钞的一个重要环节,扇面应开得均匀,为点数打好基础,做好准备。开扇方法有一次性开扇和推动式开扇两种。

1. 一次性开扇

一次性开扇要求左右手动作配合协调。开扇时以持票的左手为轴,握住轴心,右手虎口卡住钞券右侧,拇指在前,其他四指在钞券后面,再用手腕把钞券压弯,从右侧向左侧稍用力往胸前方向转过向外甩动,这时左手拇指与食指原地不动从右向左捻动,左手捻右手甩同时进行。在甩动时,轴心要放松,使扇面一次甩开,开扇要均匀,不重叠。一次性开扇手法如图 3-16 所示。

2. 推动式开扇

以左手拇指为轴心,右手四指配合将钞券向左下方压弯,右手腕带动手指由左向右甩动钞券;同时左手拇指与食指配合右手逆时针捻动钞券,右手拇指协助向左推捻钞券,其余四指在钞券背面随着左右晃动将钞券均匀错开,直至打开如扇面形状,以每两张钞券之间间隔能清晰辨认为标准。开扇后钞券上部呈大扇面形状,下端呈相反方向的小扇形,开出的效果就如同一把打开的纸扇。推动式开扇手法如图 3-17 所示。

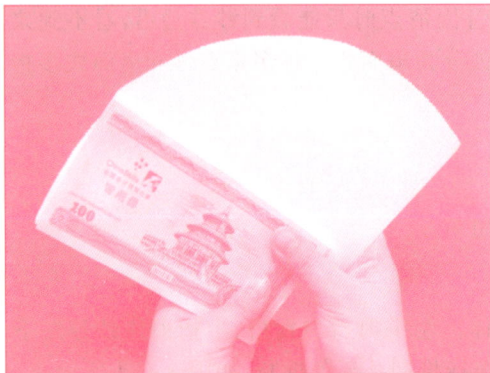

图 3-16 一次性开扇手法(1)

图 3-17 推动式开扇手法(2)

(四)清点

左手持钞,右手大拇指在前,食指在后,捏住钞券右上角,从右向左分组进行清点,每一组清点张数可以是5张或10张,也可以是其他张数,以便于记数为原则。清点时眼睛从扇面右上角开始向左看,确认一组张数后,右手拇指快速向下按压,如图3-18所示。同时食指迅速跟上将这组钞券隔开,如图3-19所示。接着拇指再点第二组,如此循环操作。

图 3-18 清点手法(1)

图 3-19 清点手法(2)

(五)记数

采用分组记数法。如一指五张清点时,每按下5张钞券为一组,记一个数,记满20组为100张。

(六)合把

钞券清点完毕,右手拇指放在钞券右侧正面中间,其余四指托在钞券背面,双手同时快速向中间推钞合把。然后两手轻拢,将钞券蹾齐,以备扎把。

(七)扎把

将钞票蹾齐,使其四条边整齐光滑,然后左手持钞,右手取扎钞条将钞券捆扎牢固。扎把方法可依据自己的习惯,采用拧扎法或缠绕捆扎法,具体捆扎方法见本项目任务六。

二、扇面式多指多张点钞法

扇面式多指多张点钞法的基本操作也分为七个,除清点方法不同外,其余均与扇面式一指多张点钞法相同。

清点时,左手握住钞券扇面的下端,右手拇指和食指交替分组清点。眼睛从扇面右上角开始向左看,第一组看准张数后,拇指迅速向下按压,如图 3-20 所示;看清第二组张数后,食指向下按压,如图 3-21 所示;然后是第三组、第四组,大拇指与食指再依次按压。如此循环操作,直至清点完毕。

图 3-20　清点手法(3)

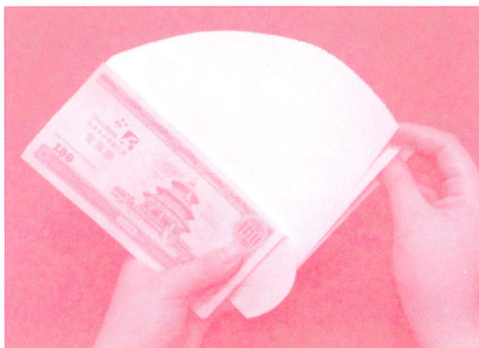

图 3-21　清点手法(4)

当然也可以在清点时用右手拇指、食指、中指、无名指和小指一次各按下 5 张、10 张或 20 张,按下后用其他手指压住,拇指继续向前按第二次,以此类推。

任务六　掌握钞券捆扎

钞券捆扎是点钞过程中的一个重要步骤。无论是手工点钞还是机器点钞,钞券的捆扎速度对提高点钞的整体速度起着至关重要的作用。

一、钞券捆扎的三种情况

钞券捆扎按所需捆扎钞券数量的不同分为以下三种情况:

(1)捆扎钞券以 100 张为一把,经过清点无误后用扎把条在钞券中间捆扎牢固。

(2)不足百张的则用扎把条在钞券的 1/3 处进行捆扎,并将钞券的张数、金额写在扎钞纸条的正面。

(3)每 10 把钞券必须用专用绳子以"井"字型捆扎为一捆,在顶端贴上封签,并加盖经手人名章。这种捆扎方式主要是银行使用。

二、捆扎的方法

在现金收付中,最常用的捆扎方式是将整点好的钞券捆扎为一把,也称为扎把。扎把最常用的有缠绕捆扎法和拧扎法。

（一）缠绕捆扎法

用左手将钞券横握于面前，尽量使钞券的左上角抵住左手的手心，左手食指、中指、无名指并拢捏住钞券使其呈瓦状，如图 3－22、图 3－23 所示。

图 3－22　持钞手法(1)

图 3－23　持钞手法(2)

图 3－24　缠绕扎把

将扎把条压在左手食指下，右手食指、中指捏在扎把条上，大拇指捏在扎把条下向下绕扎把条，如图 3－24 所示。

当绕到第二圈时，用左手食指按住扎把条的上侧，右手食指与中指夹住扎把条向右作 90 度的外翻，使扎把条与钞券的上边齐平。再用右手的食指和中指将扎把条头掖进钞券与扎把条之间的空隙，如图 3－25 所示。扎把成型后如图 3－26 所示。

图 3－25　把条固定

图 3－26　扎把成型图

🔧【小贴士】

缠绕钞券时一定要注意保护手指，平均用力，以防被扎把条划伤。用缠绕捆扎法进行缠绕的半径要小一些，左手要迎合右手的缠绕动作上下互动，从而最大程度地提高捆扎的速度。

（二）拧扎法

将整点准确的一把钞券墩齐后，左手横持钞券，正面朝向点钞员，拇指在前，食指伸直压在钞券上侧，中指、无名指和小指在后，五指配合捏住钞券左端。以右手大拇指和食指取扎把条，将扎把条三分之一处搭在钞券上脊中间，左手食指将扎把条压住。右手拇指与食指捏住扎把条较长的一端，从钞券的正面向下向外缠绕，在扎把条两端并拢处捏紧。左手拇指从钞券快速移到与食指对侧面中间，将钞券捏紧并竖起，手指稍用力将钞券捏成瓦形，然后左手向里移动钞券，右手捏住扎把条末端向外拧纸条打半个劲结，如图 3-27 所示。

右手食指按压花结外侧，顺势将把条下端掖进凹面瓦形一侧把条的下边，最后将钞券压平即可。

图 3-27　拧扎手法

小案例

4 秒点钞一百张，人民币点钞达人陶萍

凭借一手让人眼花缭乱的点钞技巧，陶萍在热播反腐大剧《人民的名义》中客串了一把，她在剧中本色出演银行工作人员，现场清点剧中贪腐官员的两亿元受贿赃款，短短 20 秒左右的点钞片段让观众直呼过瘾。

实际上，在此之前，陶萍早就登上过央视、东方卫视等国内各大电视台，她所展示的点钞识假视频录制后更是在全球播放，她的点钞指法多达十几种，就是业内也被她的绝活所震惊。多年前，陶萍就曾走上《中国达人秀》的舞台，展示了她的点钞技艺。

进入银行系统工作近 30 年，陶萍通过自己的努力练就了一身本领，她的五个指头都能点钞，指尖飞动如行云流水，"快、准、美、巧"让人眼花缭乱（图 3-28）。

除了快和准确之外，陶萍的点钞还有一个绝活，就是能在高速的点钞过程中准确的识别假币，凭借惊人的手感，她能准确的抽出常人肉眼难以辨别的假币。她也因此被业内公认为"大师"。

在当众表演了十几种出神入化的快速点钞技能之后，陶萍回忆起当年练就这

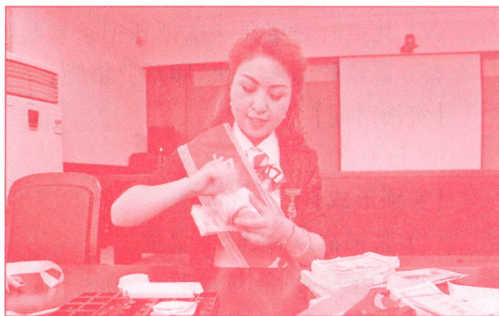

图 3-28　陶萍展示点钞技艺

一手绝活时的情景："为练习手指的力量和速度，我在手指上绑上铅块练（图 3-29），经常练习到食指和小臂痉挛抽搐。新的钞票非常锋利，为练习速度，手心经常会被划破，手指最开始练得红肿，接着磨出泡，再磨出血，直到现在都成了老茧，最苦的时候拇指的指纹都磨平了，指甲盖直往外翻。"

图 3-29 陶萍在手指上绑上铅块练习

陶萍说,她是从 1988 年就专门从事整点岗位工作,当时点的全是不能用的钞票,这些钞票通过手工清点完了以后,确保每把 100 张,一捆是 1 000 张然后直接销毁,即残损人民币。那个年代人民币最大面额只有 10 元,最小面额是 1 分钱。当时库房在防空洞里面,要销毁的残币又脏又破,火烧、霉烂的都有,当时和她一起参加工作的 7 个人,就她一个人坚持了下来。

这一坚持,就是 17 年。17 年里,她练就了一套独创的识假点钞指法,在 30 秒内单指点钞达 190 张,多指点钞达 330 张,刷新了吉尼斯世界纪录。

实训 2 手工点钞技术的连贯性训练

【实训目标】

训练学生点钞过程中各步骤间的衔接,使其自然、流畅、迅速;熟悉银行柜员和出纳在整理现金收付和整点时的业务流程。

【实训要求】

(1) 严格遵守现金收付和整点业务的操作流程。

(2) 坐姿端正、指法规范。

(3) 起把时要快,左手迅速将待点钞票翻到胸前。

(4) 拆把时一次拆开,动作要干净利索。

(5) 清点过程中和计数要配合好,清点准确每一把钞券。

(6) 捆扎前要将钞券墩齐。

(7) 扎把时一定要一次把扎把条拿起,并左右手配合迅速地进行捆扎。

(8) 盖章的动作要快,印章要清晰。

【实训时间】

90 分钟。

【实训形式】

(1) 整把清点,限时不限量。

(2) 整把整点,定量计时。

(3) 设错训练。

(4) 结合岗位实训。

【实训内容】

(1) 分项练习(时间 20 分钟,全班集中训练)。

要求:将起把、拆把、持钞、清点、计数、扎把和盖章等环节分解开来进行单独的训练,直至将每一个动作熟练掌握。

(2) 综合练习(时间 30 分钟,全班集中训练)。

要求：采用手持单指单张捻弹式点钞法，将各操作步骤连续起来进行整个过程的清点。

① 整把清点，限时不限量。在 5 分钟内循环进行拆把、点数、扎把、盖章等连续的操作步骤，并记录成绩。

② 整把整点。定量计时。定量 10 把（10 000 张）钞券，点完为止，并记录所用的时间。

（3）设错训练（时间 20 分钟，分小组训练）。

小组内成员交换在钞券中设错，并采用限时不限量（通常限时 5 分钟）的训练形式进行设错后钞券的清点，清点完后交换检查并记录成绩。

（4）结合岗位实训（时间 20 分钟，分小组训练）。

项目八　机器点钞技术

机器点钞就是用点钞机整点钞券以代替部分手工整点的点钞方式。点钞机是一种自动清点钞券数目的机电一体化装置，通常带有荧光检测、磁性检测、红外穿透检测和激光检测等防伪功能，能轻松地帮助工作人员清点钞券数量并辨别钞票真伪。

点钞机的速度较快，每小时可点钞券 5 万张左右，能够有效减轻工作人员的劳动量，提高工作效率。对于现金流通规模庞大的单位，点钞机已经成为点钞人员点钞的得力助手和不可缺少的设备。但是因为点钞机存在一定的局限性，所以机器点钞依然不能代替手工点钞，目前多用于整齐、大面额钞票的点数及复点。

任务一　掌握机器点钞的操作程序

一、持钞

右手握住钞票，将同一面额的一叠纸币捻成一定的斜度，并稍用力使钞票形成微梯形，同时食指钩断纸条，将钞票平放在喂钞台上。

二、整点

拆把后，把钞票均匀扇开，平放在滑钞板上，点钞机开始自动传送计数、识别、整理。待喂钞台上的钞票全部输送完毕，机器自动停止计数，此时计数器显示窗上显示的数字就是该叠钞票的数量。取出接钞台的钞票，点钞机显示窗上的数字将自动清零，准备重新计数。

三、复点

在非预置整点及累加整点状态下，当启动点钞机运转时，上次整点数据自动将计数显示窗移到预置显示窗；本次整点结束后将两次显示窗数据进行比较即可达到复点目的。

四、累计显示

当需要累计显示时，应按一下面板的"累加"键，指示灯亮，点钞机就在计数显示窗原显示数目的基础上进行累加计数。点钞完毕后，计数显示窗显示的数目就是多次点算纸币的数量之和。累计显示达"999＋1"时，计数显示窗自动恢复到"0"。

五、墩齐、扎把

当反映出来的数字为"00"或"100"时，即可扎把。扎把时，左手拇指在上，其他四手指在下，手掌向上把钞票从接钞台里拿出。拿钞时注意不要漏张，然后将钞票墩齐，按缠绕式或拧结式扎把。机器复点钞票时，为了提高功效，下钞、拿钞和扎纸条的动作要连贯。当右手将一把钞票放入喂钞台后，马上拿第二把钞票，拆纸条、折成坡形，下钞准备。当传送带上最后一张钞票落下后，左手迅速将钞票拿出；同时右手将第二把钞票放入喂钞台，然后拿纸条扎把。如此反复，连续作业，可以缩短机器空转时间，高度利用机械功能，提高点钞效率。

六、盖章

复点完全部钞票后，点钞者要逐把盖好名章。一般盖在把条的上侧，所有盖的图章必须清晰明了，不能模糊不清。

七、扫尾

每天机器用毕，应关掉电源，拔下插头，用毛刷清扫机内灰尘，然后用布盖好防尘。

小知识

点钞机有很多种类型，但不管哪种类型的点钞机，其功能大同小异，主要功能就是点钞和防伪，点钞机样式如图 3-30 所示。

图 3-30 点钞机

任务二　了解机器点钞的注意事项

利用点钞机点钞,应注意以下几点:

(1)点钞时,必须检查点钞机计数器显示的读数是否为零,数字非零时必须按"清零"键清零。

(2)拆把后,左手拇指稍用力向下方掀动钞票下侧面,使钞票成微梯形后放入喂钞口,注意不可用力往下压钞票,要让钞票自动下滑。下钞时,眼睛要集中在传动的钞票上,检查是否有夹券、残损、假钞等异常情况。

(3)钞票全部下到接钞口后,要看清计数器上显示的数字是否与实际张数相符。如不符,应重新清点一次。

(4)左手将清点无误的钞票从接钞口取出后,要检查点钞机周围有无掉张,无掉张的,右手立即将下一把钞票放入喂钞口清点,尽量不留空隙。

(5)点钞时出现计数显示器闪烁的情况,是机器提示目前点钞不准,应重新整点。如因操作不熟练导致卡钞或机器出现紊乱时,应立即关闭电源开关。整点过程中,若机器经常停机,且计数显示器闪烁时,可按顺时针方向稍微调节垂直螺丝。

(6)酌情选择紫光和磁性辨伪功能。为了准确辨伪,在整点 20 元及以上人民币时,应同时选择紫光和磁性辨伪功能。因 10 元及以下钞票不含磁性油墨,所以整点 10 元以下钞票,不能打开磁性辨伪功能,否则会造成误报停机。

(7)清点无误的钞票墩齐、扎把时(盖章工序一般留在每笔款项全部清点完毕),眼睛应紧盯着点钞机上还在清点的其他钞票。扎好的钞票应放在点钞机的左侧。

在日常练习中,机器点钞的口诀如下:

紧张操作争分秒,左右连贯用技巧。右手投下欲点币,左手拿出捻币钞。

两眼观察票面跑,余光扫过计数表。顺序操作莫慌张,环节动作要减少。

原钞纸条顺序换,快速扎把须做到。维修保养经常搞,正常运转工效高。

实训 3　机器点钞技术的连贯性训练

【实训目的】

训练利用点钞机进行钞券的清点。

【实训要求】

(1)掌握点钞机点钞前的调整与实验。

(2)熟悉点钞机各种工作状态的调整。

(3)清点过程中,手、眼要与点钞机的动作配合协调。

(4)扎把时动作流畅,松紧得当。

(5)盖章的动作要快,印章要清晰。

【实训时间】

40分钟。

【实训形式】

(1) 整把清点,限时不限量。

(2) 整把整点,定量计时。

【实训内容】

1. 分项练习(时间20分钟,全班集中训练)

要求:将试机、调整、清点和扎把等环节分别进行单独的训练,直至将每一个动作熟练掌握。

2. 综合练习(时间20分钟,分小组训练)

要求:使用点钞机进行点钞,将各操作步骤连续起来进行。

(1) 整把清点,限时不限量。在5分钟内循环进行拆把、点数、扎把、盖章等连续操作步骤,并记录成绩。

(2) 整把清点,定量计时。定量10把(1 000张)钞券,点完为止,并记录所用的时间。

模块四
小键盘数字录入技能

4

知识目标	1. 了解小键盘的功能键。
	2. 了解小键盘数字录入的基本要求。
	3. 掌握小键盘的操作方法。
能力目标	1. 能以正确的坐姿、科学规范的手势和指法进行小键盘数字录入。
	2. 能快速进行小键盘盲打。
	3. 能熟练掌握手工录入商品条码技能。
素养目标	1. 增强韧性,锤炼意志,努力练习提升技能。
	2. 培养一丝不苟、认真仔细的财经工作职业习惯,保证数据的准确性。

项目九

小键盘和小键盘数字录入的基本要求

小键盘数字
录入技能

　　我们通常所说的键盘,是连接电脑的有各种功能键的全键盘。本项目主要介绍的小键盘是全键盘右边的数字键盘,主要用于需大量输入数字符号和数学运算符号的专业性录入场合。对财会、金融专业的学生来说,练习小键盘的规范指法,对提高其速度和准确度,有一定的现实意义。

　　企业尤其是金融部门会计人员每天需翻打很多凭证,掌握传票翻打的正确方法,对企业和金融部门的会计人员非常必要和重要。小键盘数字录入是翻打传票的基础,掌握正确的录入方法,是保证工作质量和提高工作速度的基础。掌握小键盘各种功能键的操作是我们学习的重点。

任务一　了解小键盘的功能键

一、常用的计算机键盘

　　常用的计算机键盘一般分为功能键区、主键盘区、编辑键区和小键盘区,如图 4-1 所示。

图 4-1 计算机键盘分区图

二、认识小键盘区

小键盘区一共有 17 个键位,该区的大部分按键具有双重功能:一是代表数字和小数点,即 0～9、小数点、加、减、乘、除运算符号及回车确认键;二是代表某种编辑功能,如↑、↓、←、→等功能键,如图 4-2 所示。

利用该区的 NumLock(数字锁定键)可以在这两种功能之间进行转换。键盘左上角有一个标识为"NumLock"的指示灯:指示灯熄灭时,小键盘区提供编辑功能;指示灯点亮时,小键盘提供数字录入功能。

图 4-2 小键盘

> **【小贴士】**
>
> 计算机的小键盘区是我们平时很容易忽略的部分,即使在学习键盘录入的时候,也很少谈及计算机小键盘(数字)的录入。但高效的数字录入能力是出纳和银行储蓄等岗位必须具备的基本技能,而目前高职院校的财会类专业学生的初就业岗位主要是出纳和银行储蓄。因此,小键盘录入教学的实施对于我们能零距离上岗显得尤为重要。

任务二 了解小键盘数字录入的基本要求

俗话说"磨刀不误砍柴工",在充分认识小键盘功能以及数字录入能力对财会类专业学生的重要性之后,我们要为数字录入做好充分的准备。接下来介绍利用小键盘进行数字录入必须遵循的基本要求。

一、端正的坐姿

要想熟练运用键盘来进行数字录入,姿势非常重要。有了正确的姿势,不仅可以减轻

人的疲劳感,而且对于提高速度会起到事半功倍的效果。(详见本模块的项目十任务一)

二、正确的指法

计算机小键盘是向计算机输入数字、发出指令的重要设备,具有一定的排列标准,如果配合上一套正确且科学的指法,必将有效地提高输入数字的速度与准确率。(详见本模块项目二任务二)

三、明确的手指分工

要提高数字的录入速度,各手指负责的按键应有严格的分工。(详见本模块的项目十任务二)

实训 1　小键盘数字录入训练

一、单项选择题

1. 数字小键盘的指法说明中,大拇指负责(　　　)键。

A. "—"键　　　　　B. "Enter"键　　　　C. "0"键　　　　　D. "+"键

2. 使用正确的小键盘数字录入方法计算"1+2+3+…+99+100"的结果是(　　　)。

A. 5 000　　　　　B. 5 050　　　　　C. 6 060　　　　　D. 4 050

3. 数字小键盘的指法说明中,小数点是由(　　　)负责。

A. 大拇指　　　　　B. 中指　　　　　C. 无名指　　　　　D. 小指

4. 小键盘数字录入时,记录纸应放在(　　　)。

A. 键盘上方　　　B. 键盘左边　　　　C. 传票上方　　　　D. 传票下方

5. 数字小键盘上的(　　　)键有一个小突起,是用来定位的。

A. "0"　　　　　　B. "4"　　　　　　C. "5"　　　　　　D. "6"

二、多项选择题

1. 小键盘区域中,以下(　　　　　)键比普通的按键要大一倍。

A. "—"　　　　　　B. "NumLock"　　　C. "Enter"　　　　D. "0"

2. 下列关于数字小键盘的操作中,表述正确的有(　　　　　)。

A. 打字时手腕要悬空,敲击小键盘要有节奏,击完键后手指要立即回到初始状态

B. 小臂与手腕略向上倾斜,手腕平直,两肘微垂,轻轻贴于腋下,手指弯曲自然适度,轻放在键盘上

C. 左手可以参与操作清除键

D. 在进行数字小键盘的操作之前应该先打开数字锁定键

3. 常用的计算机键盘一般分为(　　　　)区。

A. 功能键区　　　B. 主键盘区　　　　C. 编辑键区　　　　D. 小键盘区

4. 以下关于小键盘数字录入的手势表述中,正确的有(　　　　　)。

A. 右手食指、中指、无名指和小指的四个指节都自然弯曲,手指和手掌间的关节稍微突起

B. 手腕保持平直

C. 右手食指、中指和无名指的指肚与键面的夹角略小于90°,指节略向前倾

D. 大拇指左侧之间在"0"键上,小指右侧刚好在"Enter"键上

5. 下列关于数字小键盘的指法表述中,正确的有(　　　　　)。

A. 各手指必须严格遵守手指指法的规定,分工明确,各守岗位

B. 在整个过程中必须保持基本姿势不变,不要翘兰花指或大拇指外翘

C. 从上一个键到下一个键可以靠手指的弯曲或手指在键面上滑行来完成

D. 击键盘应按键,而不是弹键

三、判断题

1. 在操作数字小键盘时身体要保持平直,肩部放松,腰背不要弯曲。　　　(　　)

2. 在操作数字小键盘时,手腕要紧贴在桌面上。　　　　　　　　　　　(　　)

3. 小键盘录入过程中,左手可以参与操作动作。　　　　　　　　　　　(　　)

4. 数字录入时,各手指要放在基准键位上,输入数字时,每个手指只负责相应的几个键,不要混淆。　　　　　　　　　　　　　　　　　　　　　　　　　　(　　)

5. 键盘左上角有一个标识为"NumLock"的指示灯,指示灯熄灭时,小键盘提供数字录入功能。　　　　　　　　　　　　　　　　　　　　　　　　　　　　　(　　)

项目十

坐姿、手势和指法

掌握小键盘数字录入技能必须严格遵守24字原则:"手型正确、严格分工、双手配合、击键规范、用力均匀、键位准确。"所谓手型正确是指手指采用弓形;严格分工强调手指使用的独立性;双手配合主要是在非传票算时左手食指协助指着要录入的数字或传票算时左手翻页右手击键;击键规范强调不要用按键法,击键迅速、击中要害;用力均匀是指击键时应轻重适度;键位准确则是盲打的关键,要干净利落、防止拖泥带水误击无关键位。

任务一　学习正确的坐姿与物品摆放

一、坐姿

小键盘录入时应保持以下坐姿:

(1) 身体要保持平直,肩部放松,腰背不要弯曲。

(2) 小臂与手腕略向上倾斜,手腕平直,两肘微垂,轻轻贴于腋下,手指弯曲自然适

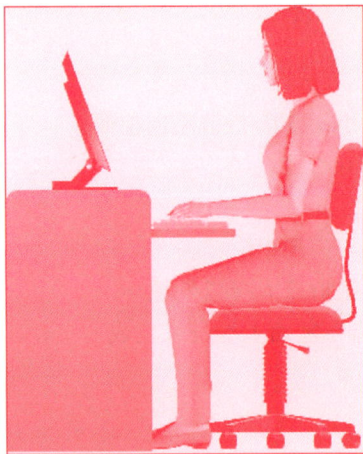

图 4-3　正确的坐姿示范

度，轻放在小键盘上。

（3）屏幕显示区域位于视线以下 10 cm～20 cm，身体与键盘的距离因人而异。

（4）手掌以手腕为轴略向上抬起，手指略弯曲。自然下垂，形成勺状。

（5）打字时手腕要悬空，敲击键盘要有节奏。击完键后手指要立即回到初始位置。

（6）击键的力度要适中。各手指分工明确，各司其职。击键时主要靠手指和手腕的灵活运动，不要靠整个手臂的运动来找键位。

（7）小键盘录入过程中左手是绝对不能参与任何操作动作的，包括击清除键。

正确的坐姿示范如图 4-3 所示。

🔧【小贴士】

　　掌握正确的坐姿是学好小键盘操作技能的秘诀之一，不要养成把左手放在椅子上、撑腰、托腮帮等不良习惯。

二、物品摆放

小键盘录入时的物品摆放规则如下：

（1）小键盘放置在桌面偏右侧，保证右手在小键盘区域上方，食指、中指和无名指刚好落在"4""5""6"基准键上为宜。

（2）传票放在左手边。

（3）记录纸放在传票的下方。

（4）笔放在小键盘右边，以保证右手能方便拿到。

任务二　学习正确的手势

一、概述

小键盘只能用右手操作，手指在键盘上的位置非常重要。在击键时，通过调整手指的弯曲度和手指间的张度，使每个手指的指尖落在键的中间。为了便于有效地使用小键盘，通常规定右手的食指、中指、无名指和小指依次位于第三排的"4""5""6""Enter"基准键上。其中"5"键上有一个小突起，是用来定位的。当准备操作小键盘时，手指应轻轻地放在相应的基准键上。击完其他键后，应立即回到相应的基准键上。

二、具体细节

（1）举起右手，食指、中指、无名指和小指的四个指节都自然弯曲，手指与手掌间的关节稍微突起。

（2）手腕保持平直。

（3）将食指、中指和无名指的指尖一次轻放于"4""5""6"三个基准键位上，指甲盖与键面的夹角略小于90°，指节略向前倾。

（4）小指保持相同姿势略往后缩。

（5）大拇指弯曲后放置于手掌下方，抬起手腕，使手掌略微架空于键盘。

（6）大拇指左侧指尖在"0"键上，小指右侧刚好在"Enter"键上。

手势示范如图4-4所示。

图4-4　手势示范

【小贴士】

特别注意"0"和"Enter"键的长度比一般键大一倍，要防止指尖击在键的两端时造成的"空击"现象。

任务三　学习正确的指法

一、基本指法

在使用小键盘时，并不是任何一个手指都可以任意击打到任何一个按键的。为了提高键盘的敲击速度，在基准键位的基础上，通常将小键盘划分为几个区域，每个区域都由一个手指负责，一定要明确分工、互不侵犯。

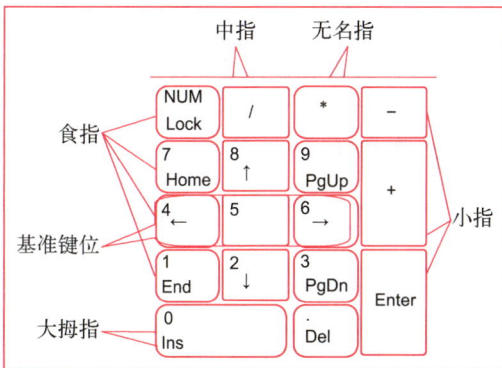

在小键盘上击键的基本指法是：右手食指、中指和无名指在键盘上实行"纵向管理"，每个手指负责管理基准键位上方和下方的键，即"NumLock""7""4""1"这四个键由右手食指负责；"/""8""5""2"这四个键由右手中指负责；"*""9""6""3"".."这五个键由右手无名指负责；"-""+""Enter"这三个键由右手小拇指负责；"0"键由右手大拇指负责。基本指法如图4-5所示。

图4-5　基本指法

113

> **🔍【小贴士】**
>
> 　　掌握正确的指法是学好小键盘操作技能的秘诀之二,五个手指有明确的分工,绝对不能"一指禅""二指禅",即由某个或某两个手指包揽,也不能相互之间"串岗"。重点是右手食指、中指和无名指在键盘上纵向移动并熟悉键位,用大拇指左侧指尖击"0"键,用小指右侧指尖击"Enter"键。

二、击键方法

　　右手做好基本姿势,输入时在手腕带动下抬起手掌使所有手指离开键面并向上或向下移动到所需键位,操作的手指在手腕的带动下快速对准键位轻轻击打并迅速抬起,整个手势仍然保持基本姿势不变。

三、正确指法的八个要领

　　掌握小键盘录入的正确指法具有以下八个要领:

　　(1)各手指必须严格遵守手指指法的规定,分工明确,各守岗位。任何不按指法要点的操作都会造成指法混乱,严重影响速度和正确率的提高。

　　(2)在整个过程中必须保持基本姿势不变,不要翘兰花指或大拇指外翘。

　　(3)从上一个键到下一个键不能靠手指的伸曲或手指在键面上滑行来完成,而是靠整个手掌在键盘上的上下跳跃式移动来定位。

　　(4)击键时要注意尽可能击在键的中间,避免击在两个键之间。因为击在键的边沿会造成"空键"或同时录入两个数字而造成"连击"的错误,特别是"0"键和"Enter"键。

　　(5)击键盘应弹键,而不是按键。击键力度要适中,节奏要均匀。键盘操作时,主要的用力部分是指关节,以指尖垂直向键盘使用冲力,要在瞬间发力,并立即反弹,以免影响击键速度。

　　(6)击键要适当。不要过重或过轻,过重不仅对键盘寿命有影响,而且易疲劳,幅度较大的击键与恢复都需要较长时间,也影响输入速度。也不能过轻,过轻会导致击键不到位,反而会使差错率升高。

　　(7)快速击,快速放,手指击键的动作轻捷有力而干脆。

　　(8)录入时,一手击键,另一手要处于预备状态或配合指着要计算的数字或翻传票。

实训 2　小键盘盲打训练

【实训目的】

练习小键盘盲打。

【实训要求】

精力集中,操作过程中眼睛不看键盘,强调手、眼、脑的协调配合,做到眼到手就到。具体要求如下:

（1）坐姿端正。

（2）盲打指法分配准确。

（3）盲打定位准确。

（4）掌握好节奏，不要时快时慢甚至停顿。动作要连贯，一气呵成。

【实训时间】

训练时间不少于 4 周，每天不少于 1 小时。

【实训方法】

（1）从基本键位 4、5、6 练习起。

（2）再延展到其他键位，每一次打完数字后，食指、中指、无名指都要回到 4、5、6 基本键位上。手掌上下浮动带动手指敲击键位，手指微贴键盘有节奏地敲击，指尖抬起幅度 1 厘米以内，幅度不要过大。养成良好的指法对以后各阶段大幅度提速极为重要。

（3）渐渐掌握不同键的位置，直到可以不用眼看就能准确无误地找准键位（盲打）。

【小贴士】

开始练习时，要讲求击键准确，其次再求速度。一定要先准后快，不要急于求成。从训练之初就要坚持盲打。一开始，键位记不准，可稍看键盘，但不可总是偷看。经过一定时间的训练，要逐步达到不看键盘也能准确击键的水平。

【实训内容】

要尽快熟悉键盘，最终做到盲打，需通过各种练习和刻苦训练来完成。以下介绍几种练习方法（平板学习机计算器功能实现）。

练习一：加百子

借助平板学习机计算器功能进行打百子练习。$1+2+3+\cdots+99+100=5\,050$

练习二：减百子

先输入数字 5 050，然后进行减百子练习。$5\,050-1-2-3-\cdots-99-100=0$

练习三：连加连减练习

把 123 456 789 连加 9 次，和为 1 111 111 101，随后再逐笔减去 123 456 789，直至减完为 0。

练习四：连加连减练习

把 1 234 567 890 连加 9 次，和为 11 111 111 010，随后再逐笔减去 1 234 567 890，直至减完为 0。

练习五：连加连减练习

把 9 876 543 210 连加 9 次，和为 88 888 888 890，随后再逐笔减去 9 876 543 210，直至减完为 0。

练习六：竖式练习——敲打 147、0258、369

食指练习 1、4、7 键。$147+147+\cdots+147$ 连加 10 次再连减 10 次最后归 0。

中指练习 0、2、5、8 键。$2\,580+2\,580+\cdots+2\,580$ 连加 10 次再连减 10 次最后归 0。

无名指练习 3、6、9 键。$369+369+\cdots+369$ 连加 10 次再连减 10 次最后归 0。

147 258 369＋147 258 369…＋147 258 369 连加 10 次再连减 10 次最后归 0。

练习七：横排练习——敲打 123、456、789

食指练习 1 键,中指练习 2 键,无名指练习 3 键。

食指练习 4 键,中指练习 5 键,无名指练习 6 键。

食指练习 7 键,中指练习 8 键,无名指练习 9 键。

123 456 789＋123 456 789＋…＋123 456 789 连加 10 次再连减 10 次,最后显示为 0。

练习八：混合练习——敲打 159、357、13579、24680

159 指法分工：食指练习 1 键,中指练习 5 键,无名指练习 9 键。

357 指法分工：无名指练习 3 键,中指练习 5 键,食指练习 7 键。

159＋159＋…＋159 连加 10 次再连减 10 次。

357＋357＋…＋357 连加 10 次再连减 10 次。

13579 指法分工：食指练习 1 键,无名指练习 3 键,中指练习 5 键,食指练习 7 键,无名指练习 9 键。

13579＋13579＋…＋13579 连加 10 次再连减 10 次。

24680 指法分工：中指练习 2 键,食指练习 4 键,无名指练习 6 键,中指练习 8 键,拇指练习 0 键。

24680＋24680＋…＋24680 连加 10 次再连减 10 次。

练习九：盲打练习

老师报数,要求学生不看键盘找准键位,速度由慢加快。

相邻座位同学相互报数,进行找数练习。

练习十：盲打练习

学生看数击键,渐渐做到盲打键盘。

练习十一：基准键的输入练习

445445　656566　664554　544466　554446　446456　645645　445566　645564
564564　456456　665544　445566　556644　54466　654654　546546　566445

练习十二：按指法规则进行拇指、食指键的输入练习

077444　071710　741700　147147　0714147　4401007　001044　144141　141441
444770　107170　007147　00044　041000　144141　774411　000170　007744

练习十三：按指法规则进行大拇指、无名指的输入练习

069600　333603　006039　606099　603366　933939　069690　306333　930600
990606　663306　939339　336699　693693　963963　093630　063906　639639

练习十四：按指法规则进行大拇指和中指的输入练习

050082　285505　080820　008582　025085　025085　225550　280050　505582
028080　285800　580028　225588　085828　085280　085202　885522　225588

练习十五：按指法规则进行综合练习

4.33　173.18　1.948　222356　3.1415　8848.8　2004.8　765.98　786543

模块五

翻打传票技能

5

知识目标

1. 了解传票的概念、种类和规格。
2. 掌握传票翻页的方法。
3. 掌握翻打传票的技能。

能力目标

1. 能掌握传票翻页与找页、看数与记数、记页与数页的方法与技巧。
2. 能具备翻打传票时眼、脑、手的综合协调能力。
3. 能熟练掌握翻打传票的连贯性操作。

素养目标

1. 提高对数字的敏感性。
2. 增强对金额数字录入的责任感。
3. 勤学苦练,增强韧性,提升传票算技能。

计算机小键盘翻打传票不仅是现代商业银行柜员必须具备的基本技能,还是国家职业资格考试中银行柜员必定考核的项目之一。

小知识

翻打传票的由来

传票的基本解释,是指会计工作中据以登记账目的凭单;传票的详细解释,被认为是记账凭证的同义语。

我国最初的会计核算,就是在钱庄(也称为"票号",相当于现在的银行)里,每个人都把当天发生的账目记在同一张纸上,由于这张纸要在他们中间传来传去,异地之间的传递还设有密押,所以就称为"传票",后来就演变成了会计凭证的代名词了。现在,会计使用的记账凭证和银行里的一些凭证仍被称为"传票"。传票即记账凭证,记账凭证包括"凭证和原始单据",定期须装订成册收入传票盒。

传票翻打,也称为传票算,是指在经济核算过程中,对各种单据、发票或凭证进行汇总计算的一种方法,一般采用加减运算。它是加减运算在实际工作中的具体应用,可以为会计核算、财会分析、统计报表提供及时、准确、可靠的基础数字,是财经工作者必备的一项基本功,并被列入全国会计技能比赛的正式项目。因此,会计专业的学生应熟练掌握此项技能。

小键盘翻打传票是以小键盘数据录入为基础的,只有掌握正确的数据录入方法,才能使翻打传票的操作达到快而准确的要求;而熟练掌握了翻打传票的方法,又能促进录入水平的快速提高,它们是相辅相成和相互促进的。小键盘翻打传票比小键盘数据录入的难度要高了许多,它要求学生不但要具备较高的数据录入的速度和准确率,而且要具有一定的综合协调的能力。

项目十一
认识传票

一、传票的概念

银行传票是一种会计凭证。会计凭证是记录经济业务、明确经济责任的重要凭证，是办理资金收付和登记会计账簿的根据，也是核对账务和事后考察的重要依据。

银行的一笔业务往往要经过经办、授权、复核等多个岗位，或网点、专业科室、事后监督等多个部门处理，而银行的每一笔业务都是根据同一张会计凭证进行账务处理的，会计凭证要在这些岗位和部门间按规定进行业务传递，因此，会计凭证又称为"传票"，此处以银行进账单作为示例，如图5-1所示。

进账单 (回　单)　**1**

年　月　日

出票人	全　称		收款人	全　称		此联是受理银行交给持（出）票人的回单
	账　号			账　号		
	开户银行			开户银行		
金额	人民币（大写）				亿千百十万千百十元角分	
票据种类		票据张数				
票据号码						
					受理银行签章	

注意：本回单不作进账、提货的证明，不作账务处理的依据，仅供查询用。

图5-1　银行进账单

【小贴士】

会计凭证，特别是原始凭证，是具有法律效力的。如果单位因遗失会计凭证而造成经济纠纷，单位要承担相应的法律责任。因此，相关人员在业务操作中要十分注意凭证使用的安全，养成"操作时证不离手，操作完及时归档"的好习惯。

二、传票的种类

传票的种类多种多样。根据是否装订，传票分为两种，一种是订本式传票，是在传

图 5 - 2　比赛用传票

票的左上角装订成册,如发票存根、收据存根和各种装订成册的单据等。另一种是活页式传票,如会计的记账凭证、银行支票、工资卡片等。全国会计技能大赛采用活页式传票,如图 5 - 2 所示。

按照计算内容的不同,传票分为单式传票(单项目传票)和复式传票(多项目传票)两种。单式传票有银行支票、领料单等;复式传票有记账凭证、生产记录表等。全国会计技能大赛使用复式传票。

本书涉及的传票没有特别说明时,指的是全国技能大赛使用的传票。

三、传票的规格

全国会计技能大赛使用的传票采用规格长约 19 cm,宽约 8 cm 的 70G 规格书写纸,用 4 号手写体铅字印刷,每本传票共 100 页,每页五行数,由四至九位数组成。其中四、九位数各占 10%,五、六、七、八位数各占 20%,都有两位小数;页内依次印有(一)至(五)的行次标记,设任意 20 页的 20 个数据(一组)累加为一题,0~9 十个数字均衡出现。

任务一　摆放与定位物品

"工欲善其事,必先利其器",进行小键盘翻打传票除了应保持正确的坐姿和手型外,还应强调桌面用品的摆放定位,使手、小键盘、传票三者融为一体,自然和谐。物品摆放与手位如图 5 - 3 所示。具体操作如下:

(1)键盘放置在桌面略靠右侧,以小键盘区域恰巧在右手下方为宜,食指、中指、无名指各落在"4""5""6"基准键上。

(2)传票放置在键盘下方左手边。

(3)调整键盘与传票的位置,以左翻右击协调舒适为宜,养成"工具定位"的好习惯。

图 5 - 3　物品摆放与手位

任务二　准备传票

一、传票的整理

传票在翻打前,首先要检查传票是否有错误。如有无缺页、重页、数码不清、错行、装订方向错误等。一经发现,应及时更换。待检查无误后,方可整理传票。

整理传票即将传票捻成扇形,使每张传票自然松动,以方便翻页,不会出现粘在一起的情况。

票面捻扇形的方法是:用左手拿住传票的左端,左手拇指在传票的封面中部稍左,其余四指在传票封底的中部稍左;右手拿住传票的右端,右手拇指放在传票封面上,其余四指放在传票的封底,以左手为轴,右手轻轻向内捻动,一般右手向内转动两次就可以打成扇形。扇形要求是页页均匀散开,传票封面向里突出,封底向外突出,扇形面不宜过大,最后用夹子将传票的左上角夹住,使扇形固定,防止错乱。由于传票最后几页紧挨桌面,较难翻起,因此可以用一个小夹子将传票的右下角第100页与封底夹在一起,使之与桌面有一点间隙,以便于翻打。传票开扇如图5-4所示。

活页左右正反使用

爱丁九位传票

2023年8月

图5-4　传票开扇

二、传票的摆放

整理好的传票应摆放在桌面适当的位置。如果使用小键盘,可将传票放在键盘的左下方,贴近键盘,以便于看数翻打。

> **【小贴士】**
>
> 打扇面的动作要快,应在几秒钟内完成;打开的扇面要均匀,打开的角度要控制在25°～30°为宜,角度太大翻打时手指夹不住传票,角度太小打开的扇面比较小,容易一次翻多页。

实训 1　开 扇 训 练

【实训目的】

训练使传票迅速均匀开扇。

【实训要求】

(1) 每张传票页均匀地自然松动,不能出现粘在一起的情况。

(2) 扇面打开角度合适,不得过大或过小。

【实训时间】

不少于 10 分钟。

【实训形式】

(1) 由老师读秒"1、2、3",学生进行开扇,三秒钟之内须完成一本传票的开扇。

(2) 同桌两位同学互相竞赛,同时开始开扇,看谁先打开扇面。

【实训内容】

(1) 墩齐传票。

(2) 捏住传票。

(3) 折传票。

(4) 开扇。

项目十二

传票翻页的方法

翻打传票要求用左手翻传票,右手敲击数字小键盘,两手同时进行。因此传票翻页是翻打传票的基础,只有左手能准确、连贯、快速地翻开传票,才能顺畅地进行传票翻打。传票翻页方法有拇指翻页法、食指单捻翻页法和食指辅助拇指翻页法三种。

任务一　掌握拇指翻页法

拇指翻页法是指用拇指掀起传票翻页的一种比较常用的方法,此种方法适用于纸质相对较硬的传票本。其操作步骤如下:

第一步,双手将打好扇面的传票放置在桌面,左手的中指、无名指、小指并拢弯曲。同时将左手中指、无名指、小指放置在传票中间偏左的位置,如图 5-5 所示。

第二步,用拇指指肚突出部分轻轻把传票页掀起,将此页有关的数字录入,如图 5-6 所示。

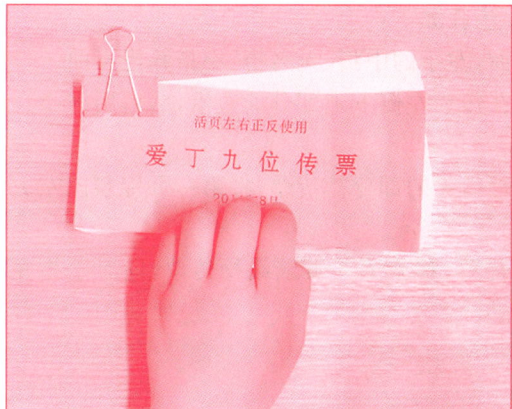

图 5-5　左手翻页准备

图 5-6　翻页手势(a)

第三步,拇指第一节指节弯曲将传票向左侧翻压,如图 5-7 所示。

第四步,食指弯缩接过传票并与中指夹住,以便看清下一页传票的数字,如图 5-8 所示。

图 5-7　翻页手势(b)

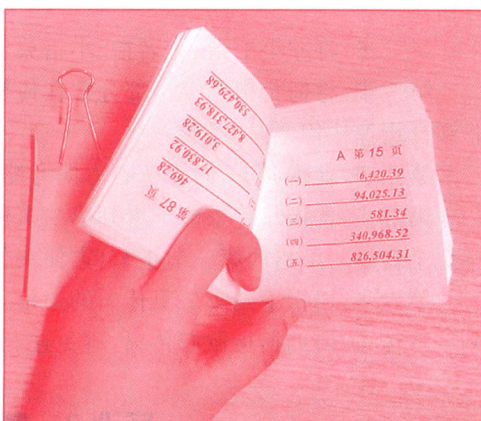

图 5-8　翻页手势(c)

重复上述各步动作,直至运算完毕。

🔍【小贴士】

食指在移至下页传票页时应弯曲着移动,不能伸直。传票翻页时手指翻动的幅度切忌过大,控制到能看清传票上的五行金额数字为宜,以提高翻页的速度。

任务二　掌握食指单捻翻页法

食指单捻翻页法是指用食指逐一翻开传票的方法,由于它翻动时页面比较大,适用

123

于金额在左侧或纸质较薄的传票本。其操作步骤如下：

第一步，双手将打扇面的传票放置在桌面，左手的中指、无名指、小指并拢弯曲。

第二步，将左手中指、无名指、小指放置在传票左侧下半部分的边沿，然后用拇指在左下角抬起部分传票。

第三步，食指沾甘油后用第一节指肚靠近指尖的部分捻传票，将第一页传票向左上方掀起，使翻过的页自然向左上方倾斜。

第四步，食指迅速弯缩放开已翻过去的传票，移至下一页继续捻传票，同时手指左侧和中指夹住已翻过去的传票。

任务三 掌握食指辅助拇指翻页法

食指辅助拇指翻页法是指通过拇指和食指配合来翻动传票的一种方法，由于它速度较慢，适用于金额居于右侧、纸质相对较薄的传票本。其操作步骤如下：

第一步，双手将打好扇面的传票放置在桌面，左手的中指、无名指、小指并拢弯曲。

第二步，将左手中指、无名指、小指放置在传票中间偏左的位置。

第三步，将拇指指肚突出部分贴在传票的边沿，食指需在传票边沿处辅助拇指。拇指和食指捏住传票向左翻。

第四步，食指向下，向手掌心方向弯缩放掉传票。

第五步，食指从传票的下方到第二页传票的边沿，同时拇指顺势将翻过去的传票往下拉至食指与中指的第三节指节，方便夹住传票。

第六步，拇指下到第二页传票的边沿，用指肚掀起下一页传票，同时食指指尖轻轻划一下传票，协助拇指掀起传票，避免连翻两页。

实训2 翻页、找页训练

一、传票翻页训练

【实训目的】

练习左手连贯、快速、准确地翻页，提高翻页技巧。

【实训要求】

(1) 票面不宜翻得过高，角度应适宜，以能看清数据为准。

(2) 左手翻页应保持连贯。

【实训时间】

不少于1周。

【实训形式】（重点练习一种翻页方法）

用左手连续进行翻页训练。由少至多(10页、20页、100页)，循序渐进。教师可以统一计时，学生快速翻页。

【实训标准】

以翻页的速度作为考核标准,具体如表 5-1 所示。

表 5-1　翻页速度考核标准

标　　　准	优	良	合格
定量不定时(100 页)			
拇指翻页法	40 秒	50 秒	60 秒
食指辅助拇指翻页法	50 秒	60 秒	70 秒
食指单捻翻页法	50 秒	60 秒	70 秒
定时不定量(30 秒)			
拇指翻页法	60 页	55 页	50 页
食指辅助拇指翻页法	55 页	50 页	45 页
食指单捻翻页法	55 页	50 页	45 页

二、传票找页训练

在运算过程中,复式传票题不是按照传票的自然页数进行运算的,而是交叉组合进行。比如,第六组是 26~45(二),即从第 26 页到第 45 页的第 2 行合计;第七组是 37~56(五),即从第 37 页到第 56 页的第 5 行合计,这时就要找到 37 页。找页的动作快慢、准确与否,直接影响传票翻打的准确性与速度。找页是传票翻打的基本功之一,必须加强练习。

所谓找页,就是要凭左手的感觉,借助眼睛的余光,迅速摸到各题的起始页。要求做到翻动传票两三次就能解决。找页的关键是练手感,即摸纸页的厚度,如 10 页、20 页、30 页、40 页等的厚度。做到仅凭手的感觉就可以一次翻到临近的页码上。然后,再用左手向前向后调整,迅速翻至要找的页码。

找页的基本要求是:右手在敲击数字小键盘传票的数字时,用眼睛的余光看清下一传票的起始页数,用左手迅速准确找到对应页数。

【实训目的】

快速准确地找到每题的起始页,提高传票翻打的准确度和速度。

【实训要求】

(1)熟悉传票,能准确把握传票页的厚度(如 10 页、20 页、30 页的厚度),练习手感。

(2)用左手迅速准确找到起始页数。

【实训时间】

不少于 1 周。

【实训形式】

首先,练习手感。就是用手摸传票前 20 页、40 页、60 页、80 页或前 10 页、30 页、50 页、70 页的厚度,经过一段时间的练习,达到能够摸准每 20 页和前 10 页、20 页、30 页、40 页、50 页、60 页、70 页、80 页厚度的水平。

其次,边念边找页。即在上述基础上,练习迅速准确找出各计算题起始页的本领。其方法是自我测试与相互考察相结合,自己心中默记一个页码或同学之间任意报一个页码,凭手感传票厚度,至多翻动三次找到起始页。如找第 32 页,在凭手感摸 30 页厚度的基础上,再略多翻几页;如果不准,迅速调整一下,就应该翻到第 32 页。

最后,当一题运算完毕,用眼睛余光看下一题的起始页。如上题起止页是第 51 页,下题起始页是第 62 页,则顺着向前用大拇指摸 10 页的厚度,稍作调整翻到第 62 页;如果下题起始页是第 37 页,则大拇指稍稍放松已翻过的页码,凭手感摸传票页码的厚度,倒翻到第 37 页。切记一定要准确快速找页。

【实训标准】

以找页的准确度和速度作为考核标准,具体如表 5-2 所示。

表 5-2 考 核 标 准

标　　准	优秀(难)	良好(中)	合格(易)
以 20 题为一组测试(限量不限时)			
时间(秒)	8~10	11~13	14~16

任务四　掌握记页和数页

记页和数页看似很简单,但在实际操作过程中却是很重要,练习之初就应该养成记页、数页的好习惯,避免多算或少算而影响运算速度。

一、记页

在进行传票运算时,为了避免计算过页或计算不够页,应掌握记页(数页)的方法。

记页,就是在运算中记住终止页,当估计快要运算完该题时,用眼睛的余光扫视传票的页码,以防过页。

二、数页

数页就是边运算边默念已打过的页数,最好每打一页,默念一页,以 20 页为一组为例,打第一次默念 1,打第二次默念 2……默念到 20 时核对该题的起止页数,如无误,立即按回车键。

项目十三　看数与记数的方法

看数与记数是翻打传票很关键的一步,也是翻打传票的另一基本功。初学者对四位和五位数字应一目看完并记住,六位和七位数字以上的可分整数部分、小数部分两目看完并记住。随着练习时间的增加,逐步要做到一目完成。只有提高看数水平才能相应提高传票翻打的水平。

任务一　掌握分节看数与记数法

看数看得准、记得快直接影响到传票翻打的速度与准确度。看数一般从位数较少的开始,循序渐进。最好一开始就养成一眼看一笔数的好习惯,如果不能做到,那么也可以进行分节看数,但是分节次数越少越有利于翻打速度的提高。

一、整数三位分节看数与记数法

整数三位分节看数法是指以分节号为分隔,三位一分节,一次性看三个数的方法。

如 434 332 581 可分 434、332、581 三目看完并记住。

如 26 187 可分 26、187 两目看完并记住。

二、带小数分节看数与记数法

带小数分节看数法是指以小数点作为分隔,分节看数的方法。

如 665.59 可分为 665、59 两目看完并记住。

如 13 658.27 可分为 13 658、27 两目看完并记住。

任务二　掌握一目一行看数与记数法

翻打传票练习到一定水平后,就必须掌握一目一行看数与记数法,即对应分节号、小数点有节奏地一次性看完并记住一行数。这就需要进行大量有效的练习才能达到。

如 86 654 可分 86、654 一目看完并记住。

如 72 131.12 可分 72、131、12 一目看完并记住。

【小贴士】

在看数与记数时,要防止口中读出声音,应该养成看数反应快、默念、记数牢而准的基本功。

实训 3　看数与记数训练

【实训目的】

快速准确地看完一行数字并记住,以提高传票翻打的准确度和速度。

【实训要求】

(1) 熟练掌握分节看数与记数法。

(2) 熟练掌握一目一行看数与记数法。

【实训时间】

每日须不少于 10 分钟。

【实训形式】

进行看数与记数训练时,初期应看完一节或一个数后迅速抬起眼睛,口中背出数字,以检验看数是否准确。熟练后可不必背出数字,只需在头脑中将看的数像放电影一样过一遍。

(1) 集体练习与个人练习相结合,由教师出题,学生进行分节看数训练。题目可以是纸质的,还可以利用 PPT 制作成幻灯片形式播放训练。

整数三位分节看数与记数法练习如表 5-3 所示。

表 5-3　整数三位分节看数与记数法练习

题　号	题　　目	答案(说或写)	题　号	题　　目	答案(说或写)
1	6 543 097	例:6、543、097	9	57 920 614	
2	528 091		10	307 614	
3	42 705		11	762 971 584	
4	720 149		12	90 526 147	
5	296 045 370		13	81 902 753	
6	4 868 213		14	81 902 753	
7	630 942		15	3 418 094	
8	4 223 765				

带小数分节看数与记数法练习如表 5-4 所示。

表 5-4　带小数分节看数与记数法练习

题　号	题　　目	答案(说或写)	题　号	题　　目	答案(说或写)
1	80 53.47		3	407 826.13	
2	603 598.14		4	5 171 524.26	

题 号	题 目	答案(说或写)	题 号	题 目	答案(说或写)
5	251 390.76		11	5 129 647.98	
6	9 437 680.25		12	574 016.28	
7	306 847.19		13	6 174 803.74	
8	7 558 130.93		14	2 751 296.15	
9	653 072.89		15	6 898 520.39	
10	5 107 951.69				

(2) 个人练习时,同座两人同时进行翻百页传票看数,看谁先看完。

(3) 集体练习时,采用定量不定时的方法,看百页传票,看谁看得快。(教师同时计时,在学生完成时告知其时间)

(4) 集体练习时,采用定时不定量法,教师计时,看谁看的页数多。

【实训标准】

以看页的速度作为考核标准,具体如表 5-5 所示。

表 5-5　看页速度考核标准

标 准	优	良	合 格
限时不限量(60 秒)	45～48 页	45～47 页	45～46 页
限量不限时(100 页)	130 秒	140 秒	150 秒

实训 4　手、眼、脑配合连贯性训练

【实训目的】

快速准确地进行传票翻打。

【实训要求】

(1) 手、眼、脑协调配合。

(2) 精神集中,翻打同步。

(3) 加强练习,分步进行。

【实训时间】

每日须不少于 20 分钟。

【实训形式】

传票翻打要求眼、手、脑并用,协调性强,可以先练习第五行数字,因第五行数字在传票的最下方,便于看数、记数,不易出错。待第五行数字的练习达到一定熟练程度后,

训练行次再逐步上移。

练习一：10 组 20 页翻打(限时 5 分钟)。

练习二：30 组 20 页翻打(限时 20 分钟)。

练习三：5 组 100 页翻打(限时 25 分钟)。

【实训考核】

以中国珠算协会传票翻打等级鉴定标准作为考核标准(每题 20 行,用时 10 分钟),
具体如表 5-6 所示。

表 5-6　考 核 标 准

项　目	高　级	中　级	初　级
翻打传票	18 题(360 分)	15 题(300 分)	13 题(260 分)

【实训内容】

利用平版学习机进行传票翻打练习。

平板学习机传票录入功能介绍如下:

(1) 打开平板学习机,点击【数字·传票录入】进入系统主界面,如图 5-9 所示。

图 5-9　系统主界面

(2) 在【数字·传票录入】目录下选择【传票录】,进入功能菜单,如图 5-10 所示。
开始对票面、跳转方式、每组页数、时间、起始页、起始行进行设置。

(3) 设置完毕后,选择"开始练习"或者"开始测试",即可开始录入。例如,在起始
页为第 10 页,起始行为第 1 行的设置状态下选择"开始练习",进入练习模式,如
图 5-11 所示。

(4) 练习结束后,系统自动跳转,计算出成绩并显示在系统成绩界面上,如图 5-12
所示。计分规则是每打对一组正确题数计分 20 分,打错不得分,按照总分＝正确组
数×每组题数＋最后一组无错时已敲个数,评定总分。

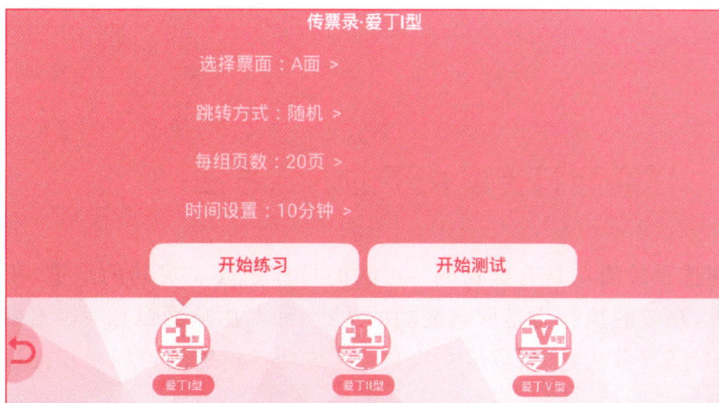

图 5 - 10　系统设置界面

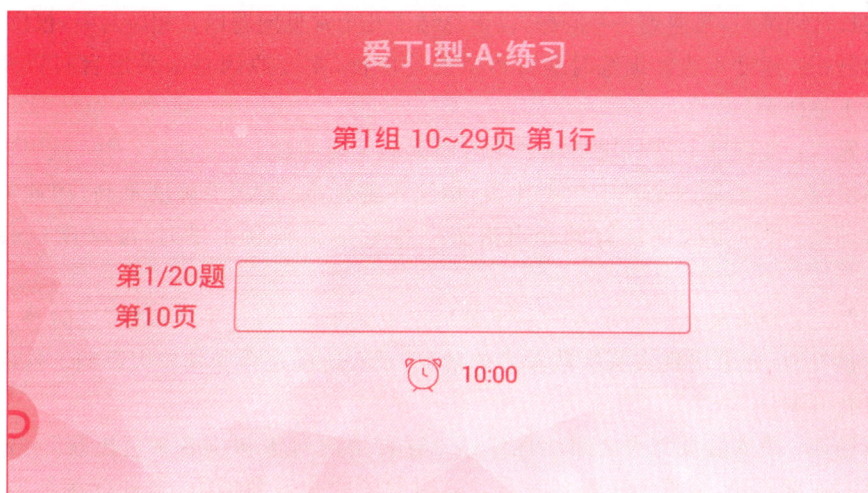

图 5 - 11　练习界面

图 5 - 12　系统成绩界面

项目十四

提高翻打传票水平的训练方法

技能大赛选手的成功是有奥秘的：正确的目标是放飞成功的跑道，积极进取是取得成功的内因，高效的执行力是取得成功的关键，而对影响参赛相关因素的分析是取得成功最宝贵的经验（方法）。所以成功宝典是：成功＝正确的目标＋积极进取＋高效的执行力＋宝贵的经验（方法）。

一、日常训练中常出现的问题及对策

在日常训练时，常遇到一些问题，以下总结了几个常见问题以及相应对策，仅供参考。

问题一：速度不快。训练时翻打传票的速度慢，主要原因是未采用盲打以及左右手配合不够协调。

问题二：准确度不高。这是在训练时遇到的主要问题，只要速度一快，就出现错题较多的情况。主要原因是基本功不扎实，指法不够标准，按键准确度不高，因此需要加强指法训练，增加指法训练时间。当指法训练量达到较高水平时，准确度也会随之提高。

问题三：翻页夹张。在录入时左手翻页出现夹张情况，左手须调整，这时整个录入节奏会被打断，如果出现夹张次数较多的情况，录入速度也会受到较大影响。这时应将传票重新开扇。

问题四：录入时页与页之间出现停顿。这种情况对于初学者常会出现，主要原因是看数的速度不快，翻页无法先翻一步。这时除了强化看数能力、多进行翻页训练外，还需要注意左右手的配合。

问题五：录入成绩提升有困难，呈现"高原反应"。当传票录入训练达到一定阶段后，录入水平的进一步提升开始变得有些困难。在保持原有的训练强度的情况下，很多人仍然感觉进步不明显，这时候大多数人开始对传票录入水平的提高缺乏信心，从而会慢慢放弃训练。此时的首要任务是克服心理障碍，认识到这是正常现象，应树立信心，相信自己的录入水平一定可以进一步提高。再次，要认识到传票录入水平的提升需要一个从量变到质变的过程，并加大训练的强度，有意识地集中训练一段时间，不断激发自己的潜能，相信很快就能体会到"众里寻他千百度，蓦然回首，那人却在，灯火阑珊处"的惊喜。

> **🔍【小贴士】**
>
> 传票录入水平的提高，除了技巧方法正确、训练方法得当外，还需要建立在一定的训练量的基础之上，只有经历量变到质变的过程，才能不断提高成绩。

二、提高传票算水平的基本训练方法

传票录入训练一般分为三个阶段,需要有一个周密的计划,并坚持按计划执行。传票训练计划表如表5-7所示。

表5-7 传票训练计划表

15 周每天一小时训练传票翻打(满分 300 分)

阶段设计	课程安排	课程内容	训练目标	训练内容	课时分配	训练时间
第一阶段:入门阶段	坐姿	培养正确坐姿,认识平板学习机	坐姿标准,熟悉机器的使用		0.5 课时	6 周
	数字盲打	记忆键盘规范指法	记忆手指分工	组别模式	0.5 课时	
		正确击键的指法	盲打要求正确	数字看打	2 课时	
		准确击键的指法	盲打要求准	数字看打	4 课时	
	数字测试	速度训练	200 分/10 分钟	数字文章		4 周
			170 分/10 分钟	商品编码		
第二阶段:初级阶段	整理摆放	捻成扇面,夹好夹子	传票封面向下突出,便于翻页即可		1 课时	1 周
	找页	准确且快速找页	快速找到每题起始页		1 课时	
	翻页	翻页页面不宜过高,角度适中,看清数据为准	左手能准确、连贯、快速翻开传票		1 课时	
	记页、数页	默念页数	养成记页、数页习惯		1 课时	
	传票翻打	限时 5 分钟	5 分钟传票算 140 分	20 题/组	2 课时	6 周
	传票算测试	限时 10 分钟	10 分钟传票算 220 分	20 题/组		
第三阶段:中级阶段	传票算	20 题一组	10 分钟传票算 240 分	传票算练习	1 课时	6 周
			10 分钟传票算 260 分	传票算练习	1 课时	
			10 分钟传票算 280 分	传票算练习	1 课时	
			10 分钟传票算 290 分	传票算练习	1 课时	
	传票算测试	20 题一组	10 分钟传票算 300 分	传票算测试	1 课时	4 周

【小贴士】

传票录入水平的高低,取决于数据录入时是否做到又快又准,而要想做到又快又准,就要有扎实的基本功。经过长期刻苦的训练,相信一定可以取得辉煌的成绩。

三、比赛型选手成绩提高

在传票算训练的后期阶段,成绩的提高可能会面临"瓶颈期",在这时,应着重培养自身的心理素质,坚定信心,临危不乱,从容地面对各种大赛考验。

本阶段选手的成绩提升出现停滞现象,提高缓慢,心理开始发生变化,信心易遭受打击,辅导老师应根据实际情况及时调整训练计划并做好心理疏导工作,帮助选手度过"高原反应"。

比赛型选手容易出现的主要问题如下:

(1)急于提高成绩,出现盲目求快而准确率下降的情况。

(2)由于成绩长时间没有提高甚至下降,丧失信心产生逃避心理,出现训练不积极、不能保证训练时间等现象。

(3)训练成绩不稳定,忽高忽低。

(4)平时训练成绩高,比赛成绩失常。

针对上述问题,应采取科学且合理的解决方法,例如:

(1)进行快速记数训练,即一眼记住整条数字,并正确录入数字,保证准确率。

(2)每天训练时间保证 2 小时以上,将时间划分开,每次训练时间为 20～40 分钟为宜。

(3)进行耐力训练,每次练习将时间设置为 15～20 分钟,提高选手耐力。

(4)每天组织选手测试一次成绩,模拟大赛流程,固定时间,不固定地点,没有补考。将每次成绩记录以备辅导老师指导。建议选手每天测试到各班巡演,制造考场气氛,提高选手心理素质。

(5)学校组织选手各地拉练,训练选手的心理素质和环境适应能力。

模块六
全国职业院校技能大赛

6

职业技能比赛是职业教育的"风向标"

2011年4月10日,首届职业院校会计技能赛前说明会在大连召开,此后每年举办一次。会计技能大赛制度的建立,发挥了检查、选优、引导三种功能,其中引导功能是最重要的。通过技能大赛制度,引导教学内容的选择、引导实训方式的改革、引导课程模式的更新、引导育人理念的确立。大赛就像一个"指挥棒",倡导什么,期待什么,学校和学生自然就会侧重什么,每年的技能赛覆盖所有院校、覆盖所有专业、覆盖所有老师、覆盖所有学生,随即而来的是学校的办学理念、课程建设、培养模式和评价标准也在转变。会计技能大赛有效地将职业教育的本质与办学理念、课程建设、教学内容、教学方法、人才培养模式和评价标准融为一体,已经成为职业教育发展的"标杆"和"风向标"。

项目十五

了解全国职业院校技能大赛高职组
银行业务综合技能赛项

一、赛项名称

全国职业院校技能大赛高职组银行业务综合技能赛项名称为"银行业务综合技能"。

二、竞赛目的

通过竞赛,检验和展示高职院校财会类专业教学改革成果和学生会计岗位通用技术与职业能力,引领和促进高职院校财会类专业教学改革,激发和调动行业企业关注和参与财会类专业教学改革的主动性和积极性,推动提升高职院校财经专业人才培养水平。

三、竞赛内容

银行业务综合技能竞赛,包括"业务素养""业务技能""银行核心业务岗位操作""金融科技业务操作"四个赛项,总分3000分。

(一)"业务素养"赛项

本模块的赛项考核选手对经济金融相关基础知识的掌握情况。内容主要包括金融业务基础知识、金融业务法律基础、金融从业人员职业行为准则、金融科技基础知识等部分,涵盖业务操作相关的基础知识。

"业务素养"赛项比赛时长为45分钟(0.75小时),包括单项选择题、多项选择题和判断题,共100分,由4名选手独立完成,团队总分为400分,占总分数的13.33%。本赛项经济金融理论基础知识、银行业务知识、金融科技理论知识总共占80%,金融业务法律基础占10%,金融从业人员职业行为占10%。

(二)"业务技能"赛项

本模块的赛项考核选手对银行基本操作技能的掌握情况,包括传票数字录入、字符录入、手工点钞、货币防伪与鉴别四个单项。

"业务技能"赛项每单项比赛时长为 10 分钟,总时长需要 90 分钟(1.5 小时)(包括中途切换软件界面及提供钞票、传票等比赛设备)。四个单项每项总分为 50 分,共计 200 分,4 名选手独立完成四个单项,团队总分为 800 分,占总分数的 26.67%。

(三)"银行核心业务岗位操作"赛项

(1)大堂经理岗位:考核选手对银行大堂经理岗业务处理流程及规范的掌握情况,包括客户引导与分流、客户问询处理、单据填写、假币鉴别、残/污损币的兑换、异议及投诉处理、签名与盖章、营销转介等。

(2)综合柜员岗位:考核选手对银行柜员岗业务处理流程及规范的掌握情况,包括商业银行个人业务、公司业务、支付结算业务等。

(3)客户经理岗位:考核选手对信贷专员岗的业务处理能力,包括信贷客户信息导入、信贷客户分析、客户授信、业务受理等。

(4)理财经理岗位:考核选手对理财经理岗的业务处理能力,包括完成理财客户信息管理、客户财务状况分析与研判、综合理财规划方案设计。

"银行核心业务岗位操作"赛项比赛时长为 120 分钟(2 小时),每个岗位总分为 200 分,团队总分为 800 分,占总分的 26.67%。团队 4 位选手分工协作完成,选手岗位赛前抽签确定。

(四)"金融科技业务操作"赛项

本模块的赛项根据不同应用场景的工作岗位设计竞赛任务。针对每个模块,参赛选手需要分别担任团队不同角色,以团队成员分工协作共同完成,主要考核参赛选手对以下业务场景的专业技能掌握情况。

(1)数字人民币:考查选手对数字人民币生成、数字人民币发行、数字人民币钱包开发、数字人民币支付等相关业务操作的能力。

(2)大数据金融:考查选手基于网络数据进行金融采集、数据导入、数据存储、数据分析/数据挖掘、数据可视化、用户画像、精准营销等的应用能力。

(3)AI 金融:考查选手进行金融数据标注、数据训练、模型调参、预测分析等应用能力。

(4)云金融:考查选手申请、维护云服务、云存储、云金融信息安全等应用能力。

(5)物联网金融:考查选手进行数据采集点设计(基于终端采集)数据采集项设计等的应用能力。

(6)区块链金融:考查学生开展链设计与链应用的应用能力。其中,链设计包括:链搭建(联盟链)、智能合约设计等;链应用包括:供应链金融(信用结算、保理业务)、跨境金融业务(支付与结算、融资)、资产证券化(ABS)业务、航空延误险、意外险、数字存证(司法存证、司法确权)、区块链审计、区块链电子发票、农业供应链(农产品溯源)等。

(7)银行业金融科技:考查学生开展自然人信用管理(信用数据采集和报告查询)、企业信用管理(信用数据采集和报告查询)、面向个人消费金融业务、面向小微企业借贷业务、大数据风控、贷前管理(信贷审批)、贷中管理、贷后管理、客服服务等的应用能力。

(8)证券业金融科技:考查学生开展智能投顾、智能投研、程序化交易等的应用能力。智能投顾包括:精准选择客户、设计金融服务方案、构建投资组合、投资组合调仓、定期出具投资业绩报告等；智能投研包括整合市场信息、分析市场投资情绪、输出投研报告等；程序化交易包括：制定交易策略、财务分析、条件选股、历史数据回测、参数优化、模拟应用检验、跟踪监测等。

（9）保险业金融科技：考查学生开展产品差异化设计、精准定价（UBI 车险等）、精准营销（识别潜在客户、触达客户、达成销售）、自动化核保、反欺诈识别、自动化理赔、客户服务等的应用能力。

（10）监管科技：考查学生对风险识别、监管沙盒、非现场审计、风险预警等业务的操作能力。

"金融科技业务操作"赛项比赛时长为 180 分钟（3 小时），赛项总分为 1 000 分，占总分数的 33.3%，其中数字人民币模块的满分为 50 分、大数据金融模块为 100 分、AI 金融模块为 50 分、云金融模块为 50 分、物联网金融模块为 50 分、区块链金融模块为 200 分、银行业金融科技模块为 150 分、证券业金融科技模块为 150 分，保险业金融科技模块为 100 分、监管科技模块为 100 分。此赛项由团队 4 位选手合作完成。

（五）竞赛内容、分值、竞赛方式和竞赛时间

本次竞赛的竞赛内容、分值、竞赛方式和竞赛时间如下表所示。

竞　赛　内　容		赛项总分	分值分配	竞赛方式	竞赛时间（不含入场、检录、竞赛准备等时间）
业务素养	每人 100 分/4 人	400 分	4 人独立完成	45 分钟（0.75 小时）	
业务技能	传票数字录入	800 分	每人每项 50 分	4 人独立完成	单项 10 分钟，一共 90 分钟（含单项间隔时间）（1.5 小时）
	字符录入				
	手工点钞				
	货币防伪与鉴别				
银行核心业务岗位操作	大堂经理岗	800 分	每个岗位 200 分	4 人分岗位完成选手岗位赛前抽签	120 分钟（2 小时）
	综合柜员岗				
	客户经理岗				
	理财经理岗				
金融科技业务操作	数字人民币	1 000 分	本模块 50 分	4 人合作完成	180 分钟（3 小时）
	大数据金融		本模块 100 分		
	AI 金融		本模块 50 分		
	云金融		本模块 50 分		

续　表

竞 赛 内 容		赛项总分	分值分配	竞赛方式	竞赛时间(不含入场、检录、竞赛准备等时间)
金融科技业务操作	物联网金融	1 000 分	本模块 50 分	4 人合作完成	180 分钟(3 小时)
	区块链金融		本模块 200 分		
	银行业金融科技		本模块 150 分		
	证券业金融科技		本模块 150 分		
	保险业金融科技		本模块 100 分		
	监管科技		本模块 100 分		
合计		3 000 分			435 分钟(7.25 小时)

四、竞赛方式

本赛项为团体赛,每队 4 名选手,需要是同校在籍学生,性别和年级不限,每队不超过 2 名指导教师。

业务素养、业务技能赛项均由每支参赛队 4 名选手独立完成。银行核心业务岗位操作赛项由每支参赛队 4 名选手分别担任大堂经理、综合柜员、客户经理、理财经理业务角色,分工协作完成竞赛任务,4 名选手的岗位在赛前抽签确定。"金融科技业务操作"赛项由每支参赛队 4 名参赛选手以团队协作方式完成。

五、竞赛规则

(一) 报名要求

参赛选手须为同一院校的全日制在籍高职学生(含高等职业学校本科全日制在籍学生,五年制中职四、五年级在籍学生)。在往届全国职业院校技能大赛中获得一等奖的选手,不能再参加同一项目同一组别的比赛。

参赛选手和指导教师报名获得确认后不得随意更换。如比赛前参赛选手和指导教师因故无法参赛,须由省级教育行政部门于参与赛项开赛 10 个工作日之前出具书面说明,经大赛执委会办公室核实后予以更换。如备赛过程中参赛选手和指导教师因故无法参赛,视为弃赛。竞赛开始后,参赛队伍不得更换参赛队员。

(二) 赛前准备

(1) 竞赛预备会:赛前召开竞赛预备会,由各参赛队伍的领队和指导教师参加,会议讲解竞赛注意事项并进行赛前答疑。

(2) 抽签仪式:比赛加密抽签。

(3) 熟悉场地:赛前开放赛场,熟悉场地。

（三）比赛期间

竞赛期间的每个环节，参赛选手须听从工作人员安排，不得自行离开规定的场地。

六、成绩评定

（一）评分原则

本次竞赛应遵循"公开、公平、公正"的竞赛原则，科学、客观、严谨地进行赛项评分。

（二）评分方法

（1）"业务素养"竞赛成绩评定由银行业务综合技能竞赛平台软件自动评分。

（2）"业务技能"竞赛成绩评定由银行业务综合技能竞赛平台软件自动评分，其中手工点钞采用计算机系统自动评分与现场裁判评分相结合的评分办法，实行分面额计分制。

（3）"银行核心业务岗位操作"竞赛成绩评定由银行业务综合技能竞赛平台软件自动评分。

（4）"金融科技业务操作"竞赛成绩评定由银行业务综合技能竞赛平台软件自动评分。

（5）团体总成绩由（1）（2）（3）（4）项目竞赛得分相加构成。

（三）评分细则

"业务素养"赛项（总分 400 分，每人 100 分）

竞赛项目	评 分 细 则	分值	评分方法
业务素养	经济金融理论基础知识、银行业务知识、金融科技理论知识共80%	100 分	系统评分
	金融业务法律基础10%		
	金融从业人员职业行为10%		

"业务技能"赛项（总分 800 分，每人每项 50 分，合计 200 分）

竞赛项目	评 分 细 则	分值	评分方法
传票数字录入	本项目采用计算机系统自动评分，按正确答案数记分；按计算机事先设置的采分点，每提交一个正确数字可得2.5分，提交不正确的不得分。根据实际工作中的情况，比赛现场提供电脑 Excel 表格和计算器两种计算工具供选手自行选用	50 分	系统评分
字符录入	本项目采用计算机系统自动评分办法；选手提交后，按计算机事先设置的采分点，一个正确字符得 0.031 25 分，一个错误字符按该字符分值的 3 倍扣分（本项目最低为零分，不出现负分）。比赛现场电脑预装极品五笔、搜狗拼音、搜狗五笔、微软全拼、万能五笔等输入法，竞赛电脑系统中未预装的输入法不得采用	50 分	系统评分

续　表

竞赛项目	评　分　细　则	分值	评分方法
手工点钞	本项目采用计算机系统自动评分与现场裁判评分相结合的办法。按计算机事先设置的采分点评分,共 8 面额钞票,选手清点完并对钞票进行扎把、盖章操作后,分面额将钞票数量和金额录入竞赛平台系统中。每种钞票录入数量正确得 5 分,金额正确得 1.25 分。选手清点完毕,必须将全部钞票整齐放入筐中,以便裁判人员复核,未入筐的钞票对应面值不得分 　　现场裁判评分原则: 　① 按面值扣分,每种面值最低为零分,不出现负分; 　② 录入和提交但未完成捆扎的钞票面值不得分;③ 已捆扎的点钞专用券质量不合格的每捆扣 1 分,每种面值最多扣 3 分;④ 没有盖章或盖章不清楚的钞票每把扣 0.5 分,每种面值最多扣 1.5 分。现场裁判评分结束后,当场评定并填写"点钞扣分记录表"交裁判组汇总	50分	系统自动评分与现场裁判评分相结合
货币防伪与鉴别	分单项选择题(15 分)、多项选择题(15 分)、判断题(10 分)和实务题(10 分)四种题型,根据难度系数不同由系统自动设置采分点和对应的分值	50分	系统评分

"银行核心业务岗位操作"赛项(总分 800 分,每个岗位 200 分)

竞赛项目	评分细节	单项分值	总　分	评分方式
大堂经理岗——厅堂管理	服务接待礼仪	40 分	200 分	系统评分
	疑难投诉处理	40 分		
	客户分流与引导	40 分		
	厅堂业务知识	40 分		
	营销能力	40 分		
综合柜员岗——零售/公司业务	通用业务	40 分	200 分	系统评分
	储蓄业务	40 分		
	借记卡业务	30 分		
	查冻扣业务	20 分		
	代理业务	40 分		
	公司业务	30 分		

续　表

竞 赛 项 目	评 分 细 节	单项分值	总 分	评分方式
客户经理岗——贷款业务	个人贷款业务	100分	200分	系统评分
	公司贷款业务	100分		
理财经理岗——理财业务	客户信息采集	20分	200分	系统评分
	客户财务分析	40分		
	理财目标分析	40分		
	风险评估	50分		
	理财规划	50分		

"金融科技业务操作"赛项(总分1 000分,由四位选手协作完成)

竞 赛 项 目	分 值	评分方式
数字人民币	50分	系统评分
大数据金融	100分	系统评分
AI金融	50分	系统评分
云金融	50分	系统评分
物联网金融	50分	系统评分
区块链金融	200分	系统评分
银行业金融科技	150分	系统评分
证券业金融科技	150分	系统评分
保险业金融科技	100分	系统评分
监管科技	100分	系统评分

　　评分细节说明如下:竞赛平台根据该岗位实际工作任务设定竞赛任务,每个模块中参赛选手需要分别担任不同业务角色,以团队成员分工协作共同完成竞赛任务。竞赛选手完成相应竞赛任务,系统会自动比对任务操作情况评定相应分值。

(四) 分值统计

　　"业务素养"赛项团队分值为400分、"业务技能"赛项团队分值为800分、"银行核心业务岗位操作"赛项团队分值为800分、"金融科技业务操作"赛项团队分值为1 000

分。上述四项合计团队总分为 3 000 分。成绩审核无误后转换成百分制进行公示、上报。

（五）裁判员选聘

按照最新《全国职业院校技能大赛专家和裁判工作管理办法》建立全国职业院校技能大赛赛项裁判库，由全国职业院校技能大赛执委会在赛项裁判库中抽定赛项裁判人员。裁判长由赛项执委会向大赛执委会推荐，由大赛执委会聘任。

（六）裁判员与技术人员人数

序　号	专业技术方向	知识能力要求	执裁、教学、工作经历	专业技术职称（职业资格等级）	人数
1	裁判（金融专业）	熟悉点钞、传票算等技能，了解银行业务、区块链金融、个人理财业务、保险代理业务、银行服务流程及规范、银行产品营销等知识	有一次以上国赛执裁经历或从事金融类专业教学五年以上	副教授（或有行业从业经历的讲师）及以上	25 人
2	现场技术人员（计算机专业）	熟悉软件平台，能解决因网络、计算机原因产生的突发问题	从事计算机相关专业教学三年以上	工程师、讲师及以上级别	12 人
裁判与技术人员总人数	大赛裁判组设裁判长 1 名，负责主持各裁判人员工作，另设分项裁判人员 25 名（其中含检录裁判 1 名，加密裁判 8 名），现场技术人员 12 名。根据技能赛项的需要，另配裁判助理若干名				

（七）成绩复核

为保障成绩评判的准确性，监督组将对赛项总成绩排名前 30% 的所有参赛队伍（选手）的成绩进行复核；对其余成绩进行抽检复核，抽检覆盖率不得低于 15%。如发现成绩错误应以书面方式及时告知裁判长，由裁判长更正成绩并签字确认。复核、抽检错误率超过 5% 的，裁判组将对所有成绩进行复核。

竞赛成绩复核无误后，经裁判长、监督组签字后进行公示。公示时间为 2 小时。成绩公示无异议后，由裁判长和监督仲裁组长在系统导出成绩单上签字，并在闭赛式上宣布并颁发证书。

七、奖项设置

（1）本赛项只设参赛团体奖。

（2）按团体设一、二、三等奖。其中一等奖为参赛队总数的 10%，二等奖为参赛队总数的 20%，三等奖为参赛队总数的 30%（小数点后四舍五入）。如果团队总成绩相同，以"金融科技业务操作"赛项成绩的高低排序，如果"金融科技业务操作"赛项成绩相同，以"银行核心业务岗位操作"赛项成绩的高低排序，如果"银行核心业务岗位操作"赛项成绩仍相同，以"业务技能"赛项成绩的高低排序。

（3）获团体一等奖的参赛队指导老师获得"优秀指导老师奖"。

八、技术规范

赛项竞赛内容符合国内金融机构业务技术规范,竞赛采用银行业务综合技能竞赛平台软件,符合相关行业技术标准、业务流程、业务规范设计。

(一) B/S 架构

采用 B/S 结构,能支持远程应用,可通过局域网或互联网连接登录使用。

(二) 三层结构

银行业务综合技能竞赛平台软件设计包括数据库层、应用服务器层、操作层。系统扩展能力强,可以满足上百个小组或数千人同时竞赛。

(三) 数据库

银行业务综合技能竞赛平台软件后台采用 SQL Server 2008R2 专业数据库系统,数据安全性较高。

(四) 软件知识产权

竞赛平台具有独立知识产权,拥有计算机软件著作权证书。

模块七
会计基本技能达标
考核实施方案

7

◇ 导言

　　商业银行柜面业务、超市收银业务最常见、最大量的工作是从事现金的收入、付出、整点及记账业务。因此,点钞、小键盘数字录入成了柜面经办人员(柜员)收银工作的重要组成部分。点钞、数字录入速度的快慢、水平的高低、质量的好坏直接关系到资金周转和货币流通速度的快慢,以及商业银行、超市收银工作的效率。学好点钞、小键盘数字录入技术是做好柜面工作的基础,也是柜员的基本业务素质之一。人民币收、付、整点及小键盘数字录入是一门技术性很强的工作,它不仅要求收银员、出纳员等要有优良的职业道德和服务意识,还必须掌握一套过硬的职业技能。作为会计专业的学生要刻苦训练,掌握一手过硬的点钞、小键盘计算技能才能适应市场经济发展的需要,才能胜任柜面工作。为了规范相关课程的教学与考核,促使学生通过"天天练"等形式不断提高相关技能,特制订本实施方案。

项目十六

点钞技能达标考核

花式点钞

任务一　熟练点钞和小键盘计算技能

　　"天天练"是很多职业院校多年来一贯坚持的技能教学特色之一,它的主要做法是以班主任(辅导员)为主导,以学生技能实训为中心,以任课老师指导为辅助,以学管部门督查为保障的四位一体立体式技能教学训练管理模式,引导学生苦练技能,增强就业、择业的能力。"天天练"的形式可根据教学课程设计为观看技能视频、选手示范、计时训练、模拟通级考核等。学校教务部门在各个学期都会制定下达技能达标合格率指标,每学期期末复核各班考核成绩,对于达标班级的班主任(辅导员)要给予奖励,对未达标的班主任(辅导员)给予处罚,考核的成绩要与学生毕业、就业挂钩。

　　各班"天天练"的内容可由班主任(辅导员)根据实际情况灵活掌握,例如,周一、周三为点钞练习,周二、周四为小键盘计算技能练习。为确保任课老师指导有目标、有内容、有效果,可根据各班需要制定指导值班表,并做好记录。学校学管部门要有专人值班加强监察。

　　学生的各项会计技能达标项目,采取"日练、周测、月考核、学年大赛"的训练与考核方式,坚持"普及与提高相结合,量化考核与奖励相结合,阶段目标与最终目标相结合"的原则,提高技能训练质量。根据各技能项目的特点,实行每学期测试达标办法,指派专业教师进行命题,并安排达标监考人员,进行监考及成绩汇总登记等工作。学生每学期须达到最低过级标准,同时学院颁发"学生技能达标手册"来记录学生技能达标的情况。

为调动班主任(辅导员)、学生的积极性,技能老师要协助学生处对班主任开展技能专题培训。为了更有效地指导第一课堂与第二课堂的教学结合,应编写与教学考核相配套的习题集,制作点钞教学辅导片,确保技能训练有内容、有要求。在中午"天天练"时间,校技能选手集训队还应定期组织优秀选手到各班去进行操作示范,介绍技能训练心得、技巧。为不断推动学生练习技能,还应制定学校点钞、小键盘计算技能比赛办法,坚持每学期举办一次校级比赛,组织学生观摩。通过以上措施实施使技能的普及与提高成为全体师生的共同行为,使技能比赛融入校园文化节,办出财经类学校的特色。

> **【小贴士】**
>
> 单项练与综合练是技能教师在课堂教学中经常采用的训练形式。所谓单项练与综合练,是针对技能教学内容要素(或环节)而言的,按逐个要素去练习称为单项练,综合性、连贯性练习称为综合练。例如,在单指单张点钞法实训时,拆把、持钞、清点、记数、墩齐、扎把、盖章七个环节一个个练习就是单项练;而将整个流程连贯起来练习就是综合练。

那么,任课老师、班主任(辅导员)应如何抓好技能"天天练"呢?具体措施如下:

(1)实行目标管理及奖惩制度。瞄准学校技能考核标准与要求,制定本班几个学期应该达到的目标,目标以高于学校标准为宜。对于达标的要给予操作加分等奖励,对于不达标的要给予扣分等处罚,对于在各类技能比赛中为班级争光的学生要给予精神或物质奖励,如优先推荐参加"三好学生"等的评选。

(2)抓两头带中间,促使班级技能水平的全面提高。一头指技能尖子,另一头指动手能力较差的学生,注意两手抓,两手都要硬。

(3)充分发挥技能尖子的带头作用,实行技能一帮一结对项目。榜样的力量是无穷的,"兵教兵"会有意想不到的效果。

(4)要利用第二课堂、双休、寒暑假等时间布置任务补差或提高,注意要取得家长的支持与配合。

任务二 了解点钞技能达标标准

一、达标内容

(1)点钞达标质量标准(每把 100 张)为 100% 准确。

(2)点钞考核的项目分为单指单张和多指多张,考核时间各 3 分钟。点钞项目及对应考核标准如表 7-1 所示。

表 7 - 1 点钞项目及对应考核标准

标 准 及 项 目		单指单张		多指多张	
		散把/张	整把/张	散把/张	整把/张
普通级 （3分钟）	四级	200	300	300	400
	三级	300	400	500	600
	二级	500	600	600	800
	一级	700		1 000	
能手级 （5分钟）	三级	1 800		3 000	
	二级	2 000		3 400	
	一级	2 400		4 000	

（3）点钞考核的方式可按散把和整把两种形式进行，起步阶段暂时只考核整把，成熟以后可考核散把。

（4）为保证毕业达标，每个学期各层次学生应该达到一定的阶段水平。

（5）为鼓励学生刻苦练习，可保留平时考核取得的最好成绩至毕业。

（6）对于学生在各级技能比赛获得的成绩可折合成通级成绩计入其学习档案。

二、达标考核形式

（一）随堂考核

对有教学任务的班级，由任课老师按照教学计划要求随堂组织考核，任课老师负责监考、阅卷、成绩记录与上传等工作。

随堂考核实施流程如下：

（1）整理点钞券。以后要求在上课前整理好点钞券。每本券上写好名字、编号，按序号排列好。

（2）按组考核。

① 顺序：一组、二组、三组、四组。

② 要求：本组考核时，其他组同学认真训练，保持教室安静。每个项目考核时间为3分钟，先单指后多指，为了养成"一遍点准"的习惯，要求每点完一把就扎一把。填写成绩单（表7-2）时，请按表格要求认真填写，特别注意只填错把情况，并且各项错把编号与错张数上下对应填写。

③ 考核组上交整理好的点钞券，老师设错把，并记录所设错把。

④ 发放成绩单，同学填写班级、姓名、达标日期，并在考核项前打"对号"。

⑤ 老师返还已设好错的点钞券，学生核对并按序号放好，准备好把条。

⑥ 发令：预备（单指或多指第一把起把在手），开始，2分50秒时，老师口令"最后

10 秒,9、8、7、6、5、4、3、2、1 停"。

⑦ 收成绩单,并核对实点把数与扎把松紧等。

⑧ 返还所抽的零张。

⑨ 老师批阅成绩单,宣布本组考级结果,并登记成绩(表 7-2)。

表 7-2　点钞通级成绩记录单

考核时间:　　　　　　　　　　评定级别:

单指点对把数:　　　　　　　　多指点对把数:

班级:	姓名:	学号:	座号:	时间:各 3 分钟
单指单张共点把数: (　　)把		错把编号:(　　)|(　　)|(　　)|(　　)|(　　)		
		错张数:(　　)|(　　)|(　　)|(　　)|(　　)		
多指多张共点把数: (　　)把		错把编号:(　　)|(　　)|(　　)|(　　)|(　　)		
		错张数:(　　)|(　　)|(　　)|(　　)|(　　)		

(二)统一组织考核

对没有教学任务的班级,由相关教研室制订学期考核计划,负责组织学生到实训室考核,相关老师负责监考、阅卷、成绩记录与上传等工作。

统一组织考核实施流程如下:

(1)制订学期考核计划,由相关教研室技能组于开学第二周提出本学期各班级点钞考核计划,上报教务部门,并下发各考核班级。

(2)考核前的准备工作,由技能组老师做好考核前的整理点钞券、设错、发放成绩记录单、发放把条等各项考前工作。

(3)监考,由技能组老师负责担任。

(4)成绩记录与反馈,指定专人负责各班级等级鉴定的成绩记录、保管与上传工作。

项目十七
翻打传票技能达标考核

任务一　了解翻打传票技能达标标准

一、达标内容

应采用专用输入设备和用具翻打传票。比赛传票采用规格长约 19 cm,宽约 8 cm 的 70G 规格书写纸,用 4 号手写体铅字印刷,每本传票 100 页,每页五行数,由四至九

学生翻打传票竞赛现场

位数组成。其中四、九位数各占 10%，五、六、七、八位数各占 20%，都有两位小数；页内依次印有（一）至（五）的行次标记，设任意 20 页的 20 个数据（一组）累加为一题，0～9 十个数字均衡出现。

二、达标形式与要求

达标使用的计算工具为爱丁数码公司的平板学习机专用输入设备，限时不限量。由平板学习机专用输入设备系统自动生成比赛成绩。

三、达标时间

达标时间为 10 分钟。

四、达标规则

（1）设现场裁判若干名。

（2）达标考核前选手按主裁判要求检查、整理传票，在平板学习机系统中选择比赛题库。

（3）达标考核按平板学习机系统随机选择的题库进行，每任意 20 页传票指定题号的数字累加为 1 题。如：P1～P20（一）是指从第 1 页开始计算直到第 20 页每页中编号为（一）的数据累加得出结果。

（4）完成一题 20 笔数据（一组）的输入，选手根据系统提示的下一题起始页号和题号完成下一题（一组）的录入。

（5）对于比赛时间到但没能完成一题（一组）全部 20 个数据的，系统自动根据选手实际完成的正确录入数据计算小分。

（6）比赛按规定页号、题号输入，不得漏题、跳页。

（7）达标考核时间到，选手即停止操作，起立示意并等候裁判指挥按秩序退场。达标标准如表 7-3 所示。

表 7-3 达 标 标 准

达 标 项 目	等 级	标 准
翻打传票	六级	200 分
	五级	240 分
	四级	280 分
	三级	320 分
	二级	360 分
	一级	400 分
	特级	440 分

任课老师和班主任(辅导员)要想实现有效的技能教学考核管理目标应做到以下几点:

(1)坚持让学生每天从基本功练起。例如:点钞技能中的扎把,小键盘技能中的盲打、传票翻页、看数与记数等基本功要经常练。

(2)坚持定期考核制度。最好每周一小考,每月一大考,还可以组织班级技能比赛,每次考核的成绩在班级班报上动态显示。

(3)对于技能较差的学生要采取多种手段加大训练力度,使其尽快进步。

(4)定期向家长反馈学生技能考核的成绩,争取家长的配合。

任务二　熟悉会计基本技能考核规则

(1)每次会计基本技能达标考核时,考生必须携带学生证等有效证件及相应的考核用具按时到达考核地点,迟到的考生作自动弃权处理。

(2)考生应该爱护公共财物,特别是点钞券、海绵缸、平板学习机等考试工具,损坏者应予赔偿。

(3)在准备时间内,禁止一切同点钞、传票算有关的操作,只允许放置普通工具、调整好小键盘考试设置、填写记录单等。

(4)点钞考核时监考老师喊"预备"口令,考生可持第一把钞在手,但是不允许出第一手或第一张,传票算可翻到起页。

(5)关于扣张的规则如下:未扎把每把扣50张,未盖章每把扣10张,未拆把每把扣10张,扎把散开每把扣20张。

(6)考核时考生必须服从监考老师的指挥,采用相应的指法参加考试。

(7)除特殊情况外,考生不按安排的场次按时参加考核,作自动弃权处理,不再单独补考。

(8)考生代考按学校舞弊处理办法执行,并且双方均取消一次考核机会。

【小贴士】
班主任(辅导员)如何配合任课老师组织技能考核

(1)及时将考核时间安排表告诉学生,并张贴在班级信息公告栏。

(2)指定专人(如技能课代表)作为负责人,具体组织全班学生提前5分钟到位,并做好考勤记录,对于确因特殊原因不能参加考核的学生要告诉监考老师。

(3)督促技能课代表按时记录每次技能考核的成绩,并及时填写在班级公告栏。

（4）在考核考试前夕组织模拟考级，及时发现问题，增强学生临场经验。

（5）经常与考核的老师、学生沟通，了解学生参加考核的情况，以便实施有效的技能教学考核目标管理。

附录一
会计专业学生综合素养达标考核标准

　　高等教育财经类专业的培养目标是：培养德、智、体、美、劳全面发展的高素质技能型人才，基础知识扎实，专业知识全面，充分体现职业教育为人的全面发展、为人的职业发展服务这一特性，突出职业教育的特色。因此，在职业教育研究与实践中，既要加强学生的专业技能水平，又要关注学生职业基本素养的养成教育。

　　学生的职业基本素养应与专业技能一样，采取量化考核的方式，把职业基本素养模块列入学生的达标制度中，通过"学生综合素养达标手册"记录学生各项技能达标过级情况，并将其作为学生是否合格毕业的标志之一。

一、达标考核的总体要求

　　本考核标准的总体要求为：使学生具备成为高素质劳动者和从事会计核算及会计事务管理中的专门人才所必需的点钞、五笔录入、翻打传票、会计数字书写、会计信息化操作等基本知识和基本技能，为学生学习专业知识和培养职业技能，全面提高学生素质，增强适应职业变化的能力和继续学习的能力打下一定基础。并把大学生职业基本素养当作德育的一部分，针对财经专业学生的特点，专门开设关于职业基本素养的相关课程，做到课堂上有理论支撑，课下延伸到社会实践、顶岗实习、学期达标考核等环节，把职业基本素养的养成渗透在学生学习的方方面面、贯穿于培养学生的全过程。

　　本考核标准主要面向会计学院会计（注册会计师方向）、会计信息管理、财务管理专业的所有学生。

二、达标考核项目（附表 1－1）

附表 1－1　达标考核项目

达标模块	达标考核项目	考核时间	备　　注
职业基本素养	普通话	每年 5 月、10 月	由省语言文字工作委员会普通话测试机构统一测试
	五笔录入	第一学期期末	第一学期结束时由学院统一组织考核，以后各期学生自愿申请刷新成绩
	财经应用文写作	第一学期期末	第一学期结束时由学院统一组织考核
	经典诵读	第一学期期末	第一学期结束时由学院统一组织考核
专业技能	单指单张点钞	第一学期期末	第一学期结束时由学院统一组织考核，以后各期学生自愿申请刷新成绩
	会计书写	第一学期期末	第一学期结束时由学院统一组织考核
	多指多张点钞	第二学期期末	第二学期结束时由学院统一组织考核
	翻打传票	第二学期期末	第二学期结束时由学院统一组织考核
	会计信息化	第三学期期末	第三学期结束时由学院统一组织考核

三、各考核项目的组成及职责

（一）达标考核工作人员的组成

根据每一个达标考核项目的不同，由专业教师组成达标考核工作组，达标考核工作组主要承担组织学生达标、成绩鉴定以及考核成绩认定盖章等工作。

（二）各达标团队教师的主要职责

（1）负责制定和落实本达标项目的细则和达标标准。

（2）统计达标人数、编排考场，确定达标考核场次；落实达标监考人员。

（3）准备达标考核用品，落实考核场地的准备情况，确保达标考核的顺利进行。

（4）督察达标考核纪律，确保达标成绩公平、公正。

（5）组织评阅、汇总、公布、登记鉴定达标项目的成绩，并完成盖章工作。

附录二
会计专业学生综合素养达标考核细则

细则一 普通话技能达标考核

普通话是现代汉语的标准语,也是我国的通用语言。它促进了全社会树立语言文字规范意识,是一个人文化素质、道德修养和精神面貌的综合体现,因此要大力开展推广普通话工作,提升学生的文化素质。

一、测试与考核

根据本技能的特点,学院各班统一进行报名,并参加由本省语言文字工作委员会普通话测试机构组织的统一测试。考试通过后,学生按照班级上交普通话证书给本技能达标工作组,工作组统一进行等级认定盖章工作。

二、组织与实施

(1)达标成绩为60分以上(含60分)。

(2)使用统一提供的普通话计算机辅助测试系统进行测试。

(3)测试前,学生按主裁判的提示要求检查设备,试卷由计算机系统随机分配抽取。

(4)按主裁判的"准备"提示进入普通话计算机辅助测试系统的考试界面,并进行相关设置。

(5)按照普通话计算机辅助测试系统界面的"考试开始"口令开始进行达标测试。测试分为单音字、词语、朗读短文和命题说话四个部分,每部分均有相应测试时间,学生应在对应时间内依次完成答题测试。

(6)测试结束前30秒,主裁判提示:"最后30秒。"答题时间到,系统自动交卷,选手完成测试。

三、达标等级鉴定标准(附表2-1)

附表2-1 普通话等级鉴定标准

达标项目	等 级	标 准
普通话	三级乙等	60~69.99分
	三级甲等	70~79.99分
	二级乙等	80~86.99分
	二级甲等	87~91.99分
	一级乙等	92~96.99分
	一级甲等	97~100分

细则二

五笔录入技能达标考核

五笔录入技能作为财经专业学生的必修课程,立足于会计、金融、商贸等专业学生就业岗位群的实际需要,以就业为导向,培养学生实操动手能力,并做到课堂上有理论知识,课下延伸到社会实践、顶岗实习、学期达标考核。

一、测试与考核

根据本技能的特点,学院统一实行期末达标的方式,由五笔录入达标工作组专业教师进行命题,并安排达标监考人员,进行成绩鉴定以及等级认定盖章等工作。

二、组织与实施

(1) 答题现场有裁判 1 名,成绩记录员 2 名。成绩记录员统计的数据包括平均打字速度、正确率两方面。

(2) 达标选手使用学校提供的标准化机房进行五笔文字录入,五笔录入测试的软件为"金山打字通 2010",测试时间为 10 分钟。

(3) 达标选手带上本人的学生证或身份证,提前 5 分钟进场,统一进行电脑性能测试、打字软件和搜狗五笔输入法测试。

(4) 裁判提示达标选手,统一选择测试课程,并设定测试时间。

裁判下达"开始"口令后,各达标选手开始录入。

(5) 测试结束前 30 秒,裁判提示。答题时间截止后,裁判提醒答题选手,所有选手必须立即停止操作,保留界面,等待记录员记录数据。成绩记录完成后,所有选手签字确认,在裁判的组织下有序离场。

(6) 测试过程中,因个人原因导致软件关闭、提前结束测试以及计算机重新启动等,将不得提供额外的测试时间,选手重新开始后,一并记录在比赛时间之内。

(7) 选手因不可抗力因素导致无法正常进行测试的,须提前向本项目达标工作组写出书面申请,经同意,方可参加补考。

(8) 测试期间,选手必须按照标准的测试姿势和打字指法进行测试,针对不完善的操作,裁判有权酌情减分。

(9) 如有以下行为,即取消测试成绩:

① 擅自更改测试时间。

② 因选手个人原因导致无法记录数据。

③ 因选手个人原因没在考试成绩录入单中签名。

④ 测试过程中,有裁判认定的其他考试不合格的行为。

⑤ 拒不配合裁判指令的其他行为。

三、达标等级鉴定标准(附表 2 - 2)

附表 2 - 2　五笔录入等级鉴定标准

达标项目	等　级	标准(字/分钟)
五笔录入	四　级	20～40
	三　级	40～80
	二　级	60～80
	一　级	80～100
	特　级	100 以上

细则三

财经应用文写作技能达标考核

财经应用文写作是财经专业一门重要的基础课程,是培养与提高学生综合文化素质和职业素质的重要途径之一。它是交流财经管理信息的最基本方式,也为毕业论文的写作奠定了基础。财经类专业的毕业生在其日后的工作中也往往需要频繁地写作各类财经应用文。因此,此项技能是财经类学生应该掌握的基本技能之一。

一、测试与考核

根据本技能的特点,学院统一实行期末达标的方式,由财经应用文专业教师进行命题和阅卷,本技能达标工作组人员进行成绩鉴定以及等级认定盖章等工作。

二、组织与实施

本技能考核由专业课教师命题出卷并进行阅卷给分。专业课教师根据不同的命题结合写作内容进行评分。

三、达标评分标准

格式规范、符合文体要求、结构合理占 40 分;材料真实典型、语言简明得体占 40 分;语言通顺、字迹工整、整体效果占 20 分。

四、达标等级鉴定标准(附表 2 - 3)

附表 2 - 3　财经应用文写作技能等级鉴定标准

达标项目	等 级	标 准
财经应用文写作技能	优 秀	90～100 分
	良 好	80～89 分
	合 格	60～79 分
	不合格	60 分以下

细则四

"经典诵读"达标考核

雅言传承文明,经典浸润人生。为了全面提升学生的国民语言素质,提升国家通用语言文字的社会应用水平,弘扬民族优秀文化传统,让更多的学生通过亲身参与诵读经典,讲解透析经典,了解经典蕴含的哲理,会计学院开展经典诵读技能达标活动。

一、测试与考核

根据学院推荐诵读篇目,学生全员参加诵读达标活动。各班制订班级诵读计划,规定每位学生必须诵读一定数量的经典篇目。达标时学生在经典诵读百文库中抽取文章。本项目达标团队利用课余时间对学生进行全员达标考核,并进行成绩的鉴定以及等级认定盖章等工作。

二、组织与实施

(1)诵读达标现场可设总裁判 1 名,成绩记录员 2 名,分批次进行全员达标考核。

(2)每位学生诵读时间为 3～5 分钟,从提前提供的诵读文章中自选篇目。

(3)达标选手带上本人的学生证或身份证,提前 5 分钟进场,按照学号依次进行诵读。

(4)因不可抗力因素导致无法正常进行达标考核的学生,须提前向本项目达标工作组提出书面申请。经同意,方可参加补达标考核。

(5)达标评分标准如下:正确流利占 30 分,停连得当占 30 分,有感情和节奏变化得当占 30 分,整体效果占 10 分。

三、达标等级鉴定标准（附表 2-4）

附表 2-4　经典诵读等级鉴定标准

达标项目	等　级	标　准
经典诵读	优　秀	90～100 分
	良　好	80～89 分
	合　格	60～79 分
	不合格	60 分以下

细则五

单指单张点钞技能达标考核

点钞技能是财经类专业学生应该掌握的一项基本技能。点钞手法有很多,其中单指单张法是点钞中最基本、最常用的一种方法。该方法使用范围较广,频率较高,适用于收款、付款和整点各种新旧大小钞票。这种点钞方法由于持票面小,能看到票面的四分之三,容易发现假钞票及残破钞票。会计学院学生的点钞达标项目采取"日练、周测、月考核、期末达标、学年大赛"的训练与考核方式,坚持"普及与提高相结合,量化考核与奖励相结合,阶段目标与最终目标相结合"的原则,提高技能训练质量。

一、测试与考核

根据本技能的特点,学院统一实行期末达标考核的方式,由本达标工作组专业教师提前准备相关工作,并安排监考人员,最终进行成绩鉴定以及等级认定盖章等工作。

二、组织与实施

（1）考核时间统一为 3 分钟。

（2）考核现场设裁判若干名,计时员 1 名。

（3）考核内容为手持式单指单张点钞。

（4）统一提供考核用练功券、海绵缸、扎条、笔、印章（采用"万次章"）、记录表、点钞机等。

（5）单指单张都以整把形式进行测试,按照不少于 50% 的比例设置差错,设错区间为 [-4,+4],并在每把练功券的第一张和最后一张上写上把次编号。

三、达标等级鉴定标准(附表 2 - 5)

附表 2 - 5　单指单张点钞等级鉴定标准

达标项目	等　　级	标　　准
单指单张点钞	四　级	2 把/3 分钟
	三　级	4 把/3 分钟
	二　级	5 把/3 分钟
	一　级	7 把/3 分钟

细则六

会计书写技能达标考核

　　会计工作离不开书写,没有规范的书写就不能保证会计工作的质量。书写规范与否也是衡量一个会计人员素质高低的标准。一个合格的会计人员,书写应当规范、清晰,并为决策者提供准确、可靠的会计信息,更好地为经济决策服务。会计书写项目是会计学院一项传统的达标项目,包括阿拉伯数字的书写、数字大写以及汉字书写等。

一、测试与考核

　　会计书写基本规范的要求为正确、规范、清晰、整洁、美观。

　　根据本技能的特点,学院统一实行期末达标的方式,由会计书写达标工作组专业教师进行统一命题、统一阅卷,并安排达标监考人员,最终进行成绩鉴定以及等级认定盖章等工作。

二、组织与实施

　　(1)考核时间统一为 20 分钟。

　　(2)考核现场设在教室。

　　(3)考核形式采用纸质试卷考试的方式,由专业教师进行监考。

　　(4)测试内容包括阿拉伯数字书写、汉字大写金额书写、金额大小写的转换、大写日期的书写等。

三、达标等级鉴定标准(附表 2 - 6)

附表 2 - 6　会计书写等级鉴定标准

达标项目	等　级	标　准
会计书写	及　格	80~85 分
	中　等	86~90 分
	良　好	91~95 分
	优　秀	96~100 分

细则七

多指多张点钞技能达标考核

点钞是财经类专业的学生必须掌握的一项专业技术,也是从事财会、金融、商品经营等工作必须具备的基本技能。点钞作为整理、清点货币的一项专门技术,对为社会经济提供信用中介、支付中介以及各项金融服务的银行来说尤其重要。多指多张点钞法适用于收款、付款和整点工作,这种点钞方法不仅省力、省脑,而且效率高,能够逐张识别假钞票和挑剔残破钞票。

一、测试与考核

根据本技能的特点,学院统一实行期末达标考核的方式,由本达标工作组专业教师提前准备相关工作,并安排达标监考人员,最终进行成绩鉴定以及等级认定盖章等工作。

二、组织与实施

(1)考核时间统一为 3 分钟。

(2)考核现场设裁判若干名,计时员 1 名。

(3)考核内容为手持式多指多张点钞。

(4)统一提供考核用练功券、海绵缸、扎条、笔、印章(采用"万次章")、记录表、点钞机等。

(5)多指多张以整把形式进行测试,按照不少于 50% 的比例设置差错,设错区间为 [-4,+4],并在每把练功券的第一张和最后一张上写上把次编号。

三、达标等级鉴定标准(附表 2 - 7)

附表 2 - 7　多指多张点钞等级鉴定标准

达标项目	等　级	标　准
多指多张点钞	四　级	3 把/3 分钟
	三　级	5 把/3 分钟
	二　级	7 把/3 分钟
	一　级	8 把/3 分钟

细则八

翻打传票技能达标考核

翻打传票也称传票算,是指在经济业务核算中对各种单据、发票进行汇总计算的一种方法。它一般采用加减运算,是财经工作者必备的一项基本功。随着计算机的普及应用,经常与数字打交道的财经工作者练就一项好的小键盘技能显得非常重要。

一、测试与考核

根据本技能的特点,此项达标由翻打传票达标工作组专业教师组织实施集中完成达标考核,达标考核工具采用爱丁数码平板学习机、键盘及与其配套的传票算本。达标结束后,平板学习机上自动显示成绩,由达标工作组教师进行成绩鉴定以及等级认定盖章工作。

二、组织与实施

(1)考核设现场裁判若干名,计时员 1 名。

(2)使用学校统一提供的传票、铁制夹子及爱丁平板学习机输入设备。

(3)考核前选手按主裁判的提示要求检查设备、整理传票,在平板系统中选择比赛题库。

(4)按主裁判的"准备"提示进入平板系统的传票算界面,并进行相关设置。

(5)按主裁判的"选题打本"和"页码"提示进行传票整理。

(6)按主裁判的"开始"口令开始考核。

(7)完成一题 20 笔数据的计算后,根据系统提示的起始页号和行(题号)进行下一题计算。

(8)按系统随机提示的页号、题号和数字,逐渐进行录入计算,不得漏题、跳页,不

得结合运用心算。

（9）达标考核结束前 10 秒，主裁判提示："最后 10 秒"。达标考核时间到，学生即停止操作，现场记录成绩，并在裁判指导下按秩序退场。

三、达标等级鉴定标准（附表 2 - 8）

附表 2 - 8　翻打传票等级鉴定标准

达标项目	等　　级	标　　准
翻打传票	四　级	200 分
	三　级	240 分
	二　级	280 分
	一　级	300 分

细则九

会计信息化技能达标考核

会计信息化技能以真实的企业管理软件为应用平台，模拟企业会计信息化工作环境，考核从系统初始化到会计报表生成全过程，以考查学生对企业实际业务流程的分析能力与信息处理能力。达标项目采取"章节练习、学期考核、学年大赛"的训练与考核方式，提高技能训练质量。

一、测试与考核

根据会计信息化软件模块相互联系的特点，实行学期测试达标方式，由技能达标工作组专业教师进行命题，并安排达标监考人员，进行成绩鉴定以及等级认定盖章等工作。

二、组织与实施

主要考察以下模块的技能掌握情况：

（一）基础设置

（1）机构人员档案的设置：部门档案、人员类别及人员档案。

（2）客商信息设置：地区、行业、客户、供应商分类及客户供应商档案。

（3）财务信息设置：会计科目、凭证类别、外币设置及项目目录。

（4）收付结算信息的设置：结算方式、付款条件、银行档案。

（5）单据设置：单据格式、编号设置。

（二）总账

（1）总账参数设置、期初余额录入。

（2）填制审核凭证、出纳签字、记账。

（3）登记支票登记簿。

（4）银行对账。

（三）应收

（1）系统参数设置：选项、会计科目、坏账准备。

（2）应收单据处理：单据（销售发票与其他应收单）输入、单据审核、单据制证、单据查询。

（3）收款单据处理：对结算单据进行管理，包括收款单、商业汇票的录入、审核。

（4）往来核销（手工核销）：将收回的客户款同应收款核销。

（5）票据管理：对商业汇票（银行承兑汇票、商业承兑汇票）进行管理，包括记录票据详细信息，记录票据处理情况。对票据进行计息、结算、贴现处理。

（6）转账：应收冲应收、预收冲应收、应收冲应付、红票对冲。

（7）账表查询。

（四）应付

（1）系统参数设置：科目、期初数额录入。

（2）单据处理：应付单、付款单及核销的处理。

（3）票据管理：商业承兑汇票、银行承兑汇票进行日常的业务处理所涉及的票据开具、结算、转出及计息等处理。

（4）转账处理：应收冲应收、预收冲应收、应收冲应付、红票对冲。

（五）固定资产

（1）系统参数设置。

（2）设置资产类别。

（3）设置固定资产增减方式对应入账科目。

（4）原始卡片的录入，对账。

（5）固定资产的增加，变动。

（6）固定资产的期末处理（计提折旧，报废，盘点）。

（六）薪资管理

（1）参数设置（银行档案设置，人员档案，工资项目设置）。

（2）业务处理：工资变动，工资扣缴所得税。

（3）工资分摊设置及凭证生成。

（4）月末处理：对账及结账。

（七）总账期末账务处理

（1）期末结转。

（2）对账。

（八）报表系统

（1）自定义设置。

（2）生成报表。

三、达标等级鉴定标准（附表 2 - 9）

附表 2 - 9　会计信息化技能等级鉴定标准及成绩登记表

达标项目	等　级	标　准
会计信息化技能	优　秀	系统测评 90 分以上
	良　好	系统测评 80～90 分
	合　格	系统测评 60～80 分
	不合格	系统测评 60 分以下

细则十

技能达标成绩登记表

完成上述九项考核，将成绩记入技能达标成绩登记表中，如附表 2 - 10 所示。

附表 2 - 10　技能达标成绩登记表

普通话技能达标			
测试时间	成　绩	等　级	备　注
五笔录入技能达标			

续 表

经典诵读技能达标			
测试时间	成 绩	等 级	备 注

财经应用文写作技能达标			
测试时间	成 绩	等 级	备 注

单指单张点钞技能达标			
测试时间	成 绩	等 级	备 注

会计书写技能达标			
测试时间	成 绩	等 级	备 注

续　表

多指多张点钞技能达标			
测试时间	成　绩	等　级	备　注

翻打传票技能达标			
测试时间	成　绩	等　级	备　注

会计信息化技能达标			
测试时间	成　绩	等　级	备　注

主要参考文献

[1] 张建强.会计基本技能[M].大连：东北财经大学出版社,2021.

[2] 侯雁,汪莉莉.珠算与点钞[M].4版.大连：东北财经大学出版社,2021.

[3] 常红,任翔,燕李琳.出纳实务[M].北京：清华大学出版社,2019.

[4] 雷玉华.点钞与计算技术[M].2版.北京：中国财富出版社,2019.

[5] 雷玉华,余滢.银行柜员基本技能[M].3版.北京：人民邮电出版社,2022.

教学资源服务指南

高等教育出版社

感谢您使用本书。为方便教学，我社为教师提供资源下载、样书申请等服务，如贵校已选用本书，您只要关注微信公众号"高职财经教学研究"，或加入下列教师交流QQ群即可免费获得相关服务。

"高职财经教学研究"公众号

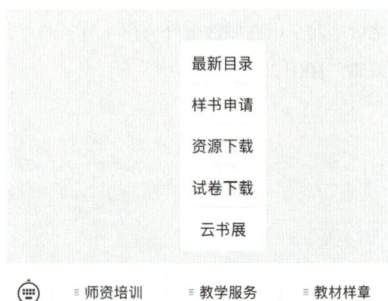

最新目录
样书申请
资源下载
试卷下载
云书展

师资培训   教学服务   教材样章

资源下载：点击"**教学服务**"—"**资源下载**"，或直接在浏览器中输入网址（http://101.35.126.6/），注册登录后可搜索相应的资源并下载。（建议用电脑浏览器操作）

样书申请：点击"**教学服务**"—"**样书申请**"，填写相关信息即可申请样书。

试卷下载：点击"**教学服务**"—"**试卷下载**"，填写相关信息即可下载试卷。

样章下载：点击"**教材样章**"，即可下载在供教材的前言、目录和样章。

师资培训：点击"**师资培训**"，获取最新会议信息、直播回放和往期师资培训视频。

联系方式

财经基础课QQ群：374014299

联系电话：（021）56961310   电子邮箱：3076198581@qq.com